Norbert Golluch

DAS AUTOMOBIL IST NUR EINE VORÜBERGEHENDE ERSCHEINUNG

Norbert Golluch

DAS AUTOMOBIL IST NUR EINE VORÜBERGEHENDE ERSCHEINUNG

Kuriose Prognosen, die knapp danebengingen

riva

Bibliografische Information der Deutschen Nationalbibliothek:
Die Deutsche Nationalbibliothek verzeichnet diese Publikation in der Deutschen Nationalbibliografie; detaillierte bibliografische Daten sind im Internet über http://d-nb.de abrufbar.

Für Fragen und Anregungen:
info@rivaverlag.de

1. Auflage 2016

Nymphenburger Straße 86
D-80636 München
Tel.: 089 651285-0
Fax: 089 652096

Redaktion: Annett Stütze
Umschlaggestaltung: Laura Osswald, München
Umschlagabbildung: iStock, Shutterstock (Bildbearbeitung Pamela Machleidt)
Innenabbildungen: Shutterstock
Satz: Carsten Klein, München
Druck: GGP Media GmbH, Pößneck
Printed in Germany

ISBN Print: 978-3-86883-792-6
ISBN E-Book (PDF): 978-3-95971-060-2
ISBN E-Book (EPUB, Mobi) 978-3-95971-061-9

Weitere Informationen zum Verlag finden Sie unter

www.rivaverlag.de

Beachten Sie auch unsere weiteren Verlage unter
www.muenchner-verlagsgruppe.de

Inhalt

Vorwort

»Die Vorhersage klärt uns nicht über die Zukunft auf,
sondern spiegelt die Gegenwart wider.
Insofern gibt sie Aufschluss über Mentalitäten,
die Kultur einer Gesellschaft und einer Zivilisation.«

Georges Minois, französischer Historiker (*1946)

Das Orakel von Delphi machte es richtig: Vorhersage – ja, Garantie für die richtige Deutung – nein. Expertisen und Prophetien aus Vergangenheit und Gegenwart stehen immer auf dem Prüfstand der Zeit, und eines Tages wird jede Voraussage verifiziert – oder eben nicht.

Schon der Jahrtausendwechsel provozierte Prognostiker zu besonderen Leistungen, obwohl ein solches Datum und seine numerische Festlegung eigentlich x-beliebig sind. Aber Propheten und Experten werden nicht nur zu runden Jahreszahlen tätig, sondern orakeln eigentlich immer. Und sie irren immer öfter, seit sie die simple, aber hochprofessionelle Methode des Orakels von Delphi aufgegeben haben. Das hatte zum Beispiel dem lydischen König Krösus gekonnt doppelsinnig prognostiziert:

»Wenn du den Halys überschreitest,
wirst du ein großes Reich zerstören.«

Krösus glaubte, es sei das persische Reich gemeint – es war aber sein eigenes. Für die Qualität der Vorhersage spricht: Auch wenn der Feldzug anders ausgegangen wäre, hätte das Orakel recht behalten.

Anders heute. Über Bruttosozialprodukte, Konjunkturvorhersagen, Apokalypsen, Bevölkerungsentwicklung, Besiedlung des Weltraums und der Meere (überhaupt die 1960er und ihre Prognosen für das Jahr 2000!), Motorisierung, Computernutzung, Waldsterben, Börsenkurse und Wirtschaftsdaten werden pseudopräzise Prognosen abgegeben, die nur in den seltensten Fällen eintreten. Hinzu kommt häufig: Tatsächliche Neuerungen entziehen sich vorausahnenden Expertisen oftmals komplett.

Im Falle unserer aktuellen Wirklichkeit zum Beispiel war das Internet den Visionären einfach entgangen: Niemand sah das Netz aller Netze mit seinen Suchmaschinen und E-Commerce-Möglichkeiten von Amazon bis eBay voraus. Auch die Handy-Segnungen SMS und Foto übersahen alle Visionäre und Prognostiker in ihren Vorahnungen.

Andere Entwicklungen erahnte das Sehergewerbe dann aber doch: Erstaunlicherweise finden sich auch sehr frühe Hinweise auf die Zukunft, die heute unsere Gegenwart ist, die bewundernswert präzise und geradezu hellseherisch vorwegnahmen, was Jahrhunderte später im Zeitstrom geschah. Doch diese sollen hier nur am Rande Thema sein. Wir widmen uns lieber den Fehlprognosen, einfach weil sie in diesem Kontext viel unterhaltsamer sind. Denn hier geht es um die Versager unter den Sehern des Fortschritts. Nur noch den Kopf schütteln können wir heute über die naiv-technischen Utopien der 50er- und 60er-Jahre des 20. Jahrhunderts. Sie besitzen im Gegensatz zu den Zukunftsahnungen vergangener Jahrhunderte völlig neue Qualitäten. Ausgangspunkt dieser Visionen ist ein zum Teil überzogener Technikoptimismus, erklärbar aus der Aufbruchsstimmung der Nachkriegszeit und dem beginnenden wissenschaftlichen und wirtschaftlichen Aufschwung. Der Glaube an ein unendliches Potenzial künftiger Neuerungen und Verbesserungen beflügelte die Fantasie, es herrschte Begeisterung für eine allmächtige Technik, der man zutraute, das Universum quasi aus den Angeln zu heben. Die Magie vergangener Zeiten wurde so durch die neue, überaus wirksam scheinende Zauberkraft Wissenschaft ersetzt, den bösen Ahnungen standen plötzlich die betörenden Bilder neuer Paradiese gegenüber.

Zumeist wurden dabei die angenehmen Aspekte der Gegenwart in simpelster Weise in die nähere und fernere Zukunft fortgeschrieben, wobei die Fantasieleistung im Denken in der Regel darin bestand, die positiven Errungenschaften der Gegenwart zu einer paradiesischen Zukunft aufzublasen. Flugzeug- und Raketentechnik sollten Automobile antreiben, in der noch in den Kinderschuhen steckenden Raumfahrt gewonnene Erkenntnisse dazu dienen, Städte inmitten der Ozeane oder auf fernen Planeten zu ermöglichen. Selbst die Besiedlung ferner Galaxien in einem Massenexodus mit riesigen Raumschiffen wurde ernsthaft in Erwägung gezogen, zumal die beginnende massive Umweltverschmutzung das Haltbarkeitsdatum der Erde auch schon damals zu begrenzen schien. An dieser Stelle traten gegen Ende der 1960er-Jahre die ersten Zweifel am wissenschaftlich-technischen Fortschritt auf. Begründete Zweifel ...

Begeben wir uns also in ein Labyrinth der Irrungen und Wirrungen der überhitzten technischen Fantasie und der fortgeschrittenen sozialen Ignoranz, in Traumreiche voller kollektivem Glück und Reichtum, die sich leider alle als vollständige Luftschlösser entpuppten.

Technik

»Es gibt nichts Neues mehr. Alles, was man erfinden kann, ist schon erfunden worden.«

Über diesen Irrtum des Charles Holland Duell, Beauftragter beim U.S. Patent Office, lässt sich angesichts der Technikgeschichte nur schmunzeln. Was für ihn 1899 nach völlig ausgereizten technischen Möglichkeiten aussah, erscheint uns heute als ein winziger, aber wichtiger Bruchteil der Technikgeschichte, lachhaft simpel und unausgereift und zugleich lustig, so wie der heutige Stand der Technik wiederum unseren Nachfahren vermutlich vor allem zur Erheiterung dienen wird …

Etwa fünf Stück – Computer

Auf diesem Gebiet kam der Fortschritt über uns wie eine Naturkatastrophe, besonders im Bereich Informationstechnologie – oder kurz IT – konnte niemand in der Vergangenheit auch nur annähernd ahnen, in welchem Tempo die Entwicklung zum Thema EDV oder IT ihren Lauf nehmen würde. Bevor wir nur »Piep!« sagen konnten, stand auf jedem unserer Schreibtische eine EDV-Anlage, die um 1965 noch als unvorstellbarer Supercomputer oder technisches Hirngespinst eines Geisteskranken gegolten hätte. Dabei sahen doch die Vorhersagen vergangener Tage ganz anders und deutlich bescheidener aus. Meinte doch etwa Thomas Watson, Vorstandsvorsitzender von IBM, im Jahr 1943:

> *»Ich bin überzeugt, dass es weltweit einen Bedarf für vielleicht fünf Computer gibt.«*
>
> Thomas Watson, amerikanischer Unternehmer (1874–1956)

Wen wundert diese Aussage, hatte Mr Watson doch vermutlich einen Rechner in der Größe eines kleinen Einfamilienhauses vor Augen. Wer sollte ein solches Monstrum schon brauchen? Doch die Miniaturisierung begann früh, und mit der sinkenden Zahl der Röhren wuchs die Hoffnung auf einen handlichen Computer jeden Tag:

> *»Noch hat ein Rechner wie der ENIAC 18 000 Vakuumröhren und wiegt 30 Tonnen. Doch die Computer der Zukunft werden nur noch 1 000 Vakuumröhren besitzen und vielleicht nur noch 1,5 Tonnen wiegen.«*
>
> *Popular Mechanics*, 1949

Was die Journalisten der Zeitschrift *Popular Mechanics* in ihrer Prognose nicht berücksichtigen konnten, war die weitere Entwicklung in Bezug auf die elektronischen Schaltungen. Gordon Earle Moore, Mitbegründer der Firma Intel, hatte schon 15 Jahre später Zweifel an derart schwergewichtigen Rechenmaschinen, denn die technische Entwicklung schritt rasant voran. Das von Gordon Moore formulierte und nach ihm benannte Moore'sche Gesetz von 1965 brachte die zu erwartende weitere Entwicklung auf den Punkt und ließ hoffen, was die Größe eines Computers anging:

> *»Die Zahl der Transistoren von integrierten Schaltungen (IC) verdoppelt sich jährlich.«*

Auch wenn sich dies nicht bewahrheitete und man 1975 präzisieren musste:

> *»Die aktiven Komponenten von Chips verdoppeln sich etwa alle zwei Jahre.«*

Es ging – und es geht voran. Der empirisch ermittelte Zeitraum für die Verdoppelung der elektronischen Komponentendichte liegt heute bei etwa 18 Monaten.

Malergenie Pablo Picasso hatte ganz andere Qualitäten, doch ihm wird sicher jeder die fehlende Expertise verzeihen, obwohl ja im Künstler auch manches Mal der Visionär beschworen wird:

> *»Computer sind nutzlos. Sie können nur Antworten geben.«*
>
> Pablo Picasso, 1946

Weniger verständlich: Nicht nur die Künstler, sondern auch mancher Fachmann der Technik damaliger Tage schätzte die gesamte Entwicklung alles andere als richtig ein, besonders was die Zukunftsperspektiven betraf. So war zum Beispiel John von Neumann, Mitentwickler der Atombombe, mit seiner folgenden Prognose keineswegs auf der richtigen Spur, wobei man doch annehmen sollte, dass er es eigentlich besser hätte wissen müssen:

> *»Es scheint, dass wir die Grenzen dessen erreicht haben, was mit Computertechnologie möglich ist.«*
>
> John von Neumann, 1949

Deutlich mehr Entwicklungspotenzial wurde dann in den 1950er-Jahren von wissenschaftlicher Seite den noch neuen Computern zugetraut:

> *»Innerhalb der nächsten zehn Jahre wird ein Computer Schachweltmeister werden und innerhalb der nächsten zehn Jahre ein wichtiges und neues mathematisches Theorem entdecken und beweisen.«*
>
> Herbert A. Simon, KI-Forscher und Nobelpreisträger, 1957

Es sollte bis 1996 dauern, bis ein Computer namens Deep Blue erstmals einen amtierenden Schachweltmeister, nämlich Garri Kasparow, in einer Partie mit regulären Zeitkontrollen schlagen konnte. Nicht nur in punkto Schach wurden die Möglichkeiten des Computers falsch bewertet. Wurden hier die erreichbaren Leistungen überschätzt, so unterschätzte man den Computer in seiner späteren Bedeutung auch nach ausgiebiger Recherche und Kundenbefragung. Selbst auf einer guten Datenbasis konnte man offenbar immer noch mühelos zu kompletten Fehleinschätzungen gelangen:

»Ich habe die Länge und Breite dieses Landes bereist und mit den besten Leuten geredet und ich kann Ihnen versichern, dass Datenverarbeitung ein Tick ist, welcher dieses Jahr nicht überleben wird.«

Der verantwortliche Redakteur des US-Verlages Prentice Hall, 1957

Die Datenverarbeitung wurde keineswegs zu Grabe getragen; im Gegenteil, die Branche ist quicklebendig. Man kann verstehen, dass es 1957 noch wenig Anschauungsmaterial und vor allem keine Geräte im konkreten alltäglichen Einsatz gab, die der technischen Fantasie geeignetes Faktenmaterial für Vermutungen geliefert hätten. Dass allerdings noch elf Jahre später ein mit dem Thema Computer befasster Fachmann die folgende Frage über ein Computerbauteil stellte ...

»Schön, aber wozu ist das Ding gut?«

Aussage eines Ingenieurs der Forschungsabteilung Advanced Computing Systems Division (IBM) über den Mikrochip im Jahre 1968

... erscheint aus heutiger Sicht ziemlich verwunderlich. Die Welle der Irrtümer und falschen Vermutungen rollte noch über ein weiteres Jahrzehnt hinweg: Im selben Jahr, in dem der Apple II und der Commodore Pet 2001 vorgestellt wurden, und nur vier Jahre vor dem ersten IBM-PC meinte ein führender Kopf aus der Branche, Ken Olsen, Präsident und Gründer von Digital Equipment:

»Es gibt keinen Grund, warum irgendjemand in Zukunft einen Computer bei sich zu Hause haben sollte.«

Ken Olsen (1926–2011), Digital Equipment, im Jahre 1977

Vielleicht hatte er zu diesem Zeitpunkt noch einen Großrechner vor Augen, der als Speichermedium Lochkarten verwendete. Eine einzige von ihnen konnte die unvorstellbare Datenmenge von 80 Bytes aufnehmen – der Inhalt von einer Million Lochkarten entsprach der Datenmenge, die eine 80-Megabytes-Festplatte fassen kann. Diese Lochkarten mit den 80 MB würden dann etwa 2500 kg wiegen und ein Volumen von ungefähr 6 Kubikmetern einnehmen. Der Rechner selbst hätte den Wohnungseigentümer vermutlich aus seinem Schlaf- oder Wohnzimmer vertrieben, denn platzsparend waren solche Maschinen nicht. Man hätte natürlich auch eine der ersten Festplatten verwenden können, zum Beispiel ab 1973 ein sogenanntes Winchester-Laufwerk von IBM, Typenbezeichnung IBM 3340, Kapazität 30 MB. Zusammen mit seinem Unterschrank hatte das Gerät etwa die Ausmaße eines Kühlschranks und war zu einem Preis von etwa 87 000 US-Dollar erhältlich.

Derselbe Ken Olsen von Digital Equipment meinte übrigens auch:

»Sobald ich eine sinnvolle Anwendung für einen Computer finde, werde ich mir einen besorgen.«

Ken Olsen, Digital Equipment

Was sollte man mit dem sperrigen Ding auch anfangen? Überhaupt scheint Weitsicht in dieser Branche keine weitverbreitete Qualifikation gewesen zu sein. Selbst Microsoft-Gründer Bill Gates blieb in seinen Visionen eher bodenständig und im Rahmen des zu diesem Zeitpunkt Machbaren, zum Beispiel was seine Vorstellung von der maximalen Größe des Arbeitsspeichers eines Computers betraf:

»640 Kilobytes ist alles, was irgendeine Applikation jemals benötigen sollte.«

Bill Gates, 1981

2015 waren 8 Gigabyte, das etwa 12 500-Fache, keine ungewöhnliche Größe für Arbeitsspeicher bei neu ausgelieferten Rechnern. Überhaupt fehlte es den Fachleuten Ende der 1970er-Jahre offenbar an Gespür für Innovation und künftige Größe. So ließen sie sich einen ganz dicken Fisch durch die Lappen gehen. Zwei geniale Nerds namens Steve Jobs und Steve Wozniak putzten nämlich damals Klinken, um ihr bahnbrechendes Produkt an den Mann zu bringen:

> *»Also gingen wir zu Atari und sagten: ›Hey, wir haben dieses erstaunliche Ding sogar aus einigen Ihrer Teile zusammengebaut, was halten Sie davon, uns zu finanzieren? Oder wir geben es Ihnen.‹ Wir wollten es einfach tun. ›Zahlen Sie unser Gehalt, wir kommen und arbeiten für Sie.‹ Und sie sagten Nein. Dann gingen wir zu Hewlett-Packard, und sie sagten: ›Hey, wir brauchen Sie nicht, Sie haben das College noch nicht abgeschlossen.‹«*
>
> Apple-Mitbegründer Steve Jobs über seine Versuche, Atari und HP an seinem und Steve Wozniaks Personal Computer zu interessieren

2014 machte der dicke Fisch – der Apple-Konzern – einen Jahresumsatz von circa 180 Milliarden Dollar, der Jahresgewinn liegt regelmäßig irgendwo zwischen 35 und 45 Milliarden Dollar und Apple gilt als das wertvollste Unternehmen der Welt mit einem Markenwert von 247 Milliarden Dollar, während es Atari gar nicht mehr gibt und Hewlett-Packard wie viele andere IT-Unternehmen von Krise zu Krise schlingert und immer wieder Mitarbeiter entlassen muss.

Ähnliche Fehleinschätzungen hochkarätiger Experten, Firmengründer und Computer-Gurus gingen aber auch über die Jahre weiter. Beginnen wir mit den Experten, die teure Studien verfassen und somit – zumindest aus heutiger Sicht – dafür bezahlt werden, dass sie sich gründlich irren:

> *»Schon 1977 wird es einen perfekten Übersetzungscomputer mit korrekter Grammatik geben.«*
>
> Eine amerikanische Trendstudie von 1966

Wer daran geglaubt hatte, wurde durch die Wirklichkeit bitter enttäuscht – siehe die lustigen Varianten der Google-Übersetzungen eines auch nur ansatzweise anspruchsvollen Textes.

Zugegeben, es stellt eine besondere Schwierigkeit dar, die Entwicklungsgeschwindigkeit gerade von Software vorherzusagen. Aber auch in punkto Hardware dominierten falsche Erwartungen, zum Beispiel über eine neue, tragbare Form von Computer. So prognostizierte der Apple-Mitbegründer und späterer CEO des Konzerns Steve Jobs zum Thema Notebook:

> *»Für einen Reporter, der unterwegs Notizen aufschreiben will, ist das interessant. Aber für den Durchschnittsnutzer sind diese Geräte nicht so nützlich, und es gibt auch kaum Software dafür.«*
>
> Apple-Chef Steve Jobs, 1985

1989 brachte Apple den 7,2 kg schweren Schlepptop Apple Portable heraus, 1991 folgte das erste PowerBook. Damit begann eine neue Erfolgsgeschichte, jedoch war Steve Jobs bereits 1985 aus dem Konzern ausgeschieden und betrieb stattdessen seine neue Firma NeXT Computer, deren Frog-Design-Produkte heute Kultgegenstände für Sammler sind, zu ihrer Zeit aber wegen ihrer astronomischen Preise Randerscheinungen blieben. Was die Entwicklung des Notebooks angeht, so war es keineswegs so, dass nach der Markteinführung nur Journalisten und Reporter diese Geräte zum

Einsatz brachten. Ob die Fehleinschätzungen aus der Apple-Chefetage vielleicht einen der Herren von Microsoft zu seiner Prognose veranlassten?

> *»Apple ist bereits tot.«*
>
> Nathan Myhrvold, ehemaliger Microsoft-CTO im Jahr 1997

Vielleicht handelte es sich aber auch um eine Art magische Zauberformel oder um eine moderne Verwünschung, welche den Konkurrenten Apple im Wachstum behindern sollte, und damit um eine Art Pflichtübung für Angestellte der Firma Microsoft, meinte doch der spätere Microsoft-Chef Steve Ballmer:

> *»Das iPhone hat keine Chance auf einen signifikanten Marktanteil.«*
>
> Steve Ballmer, Microsoft-CEO im Jahre 2007

Totgesagte wie der Apple-Konzern leben länger, sind auch viele Jahre nach dieser Prognose noch putzmunter und verkaufen zu allem Überfluss ihre Produkte in rauen Massen – vor allem iPhones. Seit 2007, dem Geburtsjahr des ersten Smartphones, hat Apple von den aufeinanderfolgenden iPhone-Modellen insgesamt 800 Millionen Exemplare verkauft. Es gibt also gute Gründe für den einen Steve (Jobs), über den anderen Steve (Ballmer) zu lachen. Sicher finden sich in der Firmengeschichte von Apple jede Menge Flops, aber jeder davon war nur ein Schritt auf dem Weg zu einer weiteren und sinnvollen Entwicklung. Ohne ein eher beklagenswertes Gerät namens Newton hätte es zum Beispiel keine Tablets gegeben.

Microsoft-Gründer Bill Gates stand seiner Firmenleitung und seinen Angestellten in Sachen Fehlprognose in keiner

Weise nach – im Gegenteil. Er übertraf sie deutlich. Was die eigenen Produkte betraf, neigte er zur Überschätzung:

»OS/2 wird das Betriebssystem der 1990er-Jahre.«

Bill Gates, 1989

Das von Bill Gates favorisierte Betriebssystem, eine gemeinsame Entwicklung von IBM und Microsoft, führte jedoch eher ein Nischendasein, es erreichte nie einen nennenswerten Marktanteil, der Vertrieb wurde 2005 endgültig eingestellt. Dennoch: Irgendwie konnte Bill Gates das Voraussagen nicht lassen, obwohl er keine nennenswerte Trefferquote vorweisen konnte, und auch bezüglich des nächsten ganz großen Erfolges bei Apple lehnte er sich ziemlich weit aus dem Fenster:

»Aus dem iPad wird nichts, den Netbooks gehört die Zukunft!«

Bill Gates, 2010

Netbooks fanden eine Marktnische, mehr nicht. Dafür tauchten Tablets bald überall auf, sogar bei den Mitarbeitern von Microsoft. Solche Fehlprognosen über Hardware scheinen beliebt zu sein – sie waren es schon im letzten Jahrhundert:

»Wer braucht eigentlich diese Silberscheibe?«

Jan Timmer, Philips-Vorstand, zur Compact Disc, 1982

Man mag rätseln, wie dieses Zitat zustande kommen konnte, arbeitete doch Philips gemeinsam mit Sony an der Compact Disc, die 1981 auf der Funkausstellung in Berlin der Öffentlichkeit vorgestellt und letztlich ein großer Erfolg wurde. War der Konzernvorstand technisch wirklich so uninformiert oder stellte Jan Timmer mit diesem Satz eine rhetorische Frage, die bei der Wiedergabe in Zitatensammlungen den Zusammenhang verloren und ihr ironisches Schmunzeln eingebüßt hat?

Wie dem auch sei: Die IT-Branche war in den 1970er-Jahren sicherlich ein Lieblingsgebiet der technikbegeisterten westlichen Zivilisation, die Entwicklung schritt mit beachtlichem Tempo voran und bot zukunftsorientierten Technikern und Wissenschaftlern jede Menge Stoff für weitere gewagte und oft auch überzogene Erwartungen und Fantasien.

> *»In drei bis acht Jahren werden wir eine Maschine mit der allgemeinen Intelligenz eines Menschen besitzen.«*
>
> Marvin Minsky, MIT, 1970

Noch heute sind die Rechner weit von diesem Ziel entfernt, sodass fast 30 Jahre später der Autor und Erfinder Ray Kurzweil, heute Leiter der technischen Entwicklung bei Google, prognostizieren konnte:

> *»Im Jahr 2019 wird für 1000 Dollar ein Computer erhältlich sein, der ebenso viel Rechenleistung wie das menschliche Gehirn besitzt.«*
>
> These von Ray Kurzweil in »Homo S@piens. Leben im 21. Jahrhundert. Was bleibt vom Menschen?«, Köln 1999

Ob allerdings diese mittlerweile über 15 Jahre alte Prognose zutreffen wird, muss sich noch zeigen. Nicht nur der Autor dieses Buches hat da heute – 2016 – seine Zweifel. Vielleicht lesen Sie dieses Buch aber auch ein paar Jahre nachdem es verfasst wurde, und können schon sagen, ob Mr Kurzweil recht behalten hat. Die Entwickler von Hard- und Software müssen sich aber ganz schön anstrengen, wenn sie das analoge Rechenzentrum in unserem Kopf bis 2019 einholen wollen.

Gleich den kompletten Transfer eines menschlichen Gehirns – und auch die Herstellung identischer Kopien – plante Hans Moravec, austro-kanadischer Wissenschaftler auf dem Gebiet der Robotik an der Carnegie Mellon University in Pittsburgh, Pennsylvania, USA:

> *»Eine Ewigkeit rein zerebraler Existenz – das mag Intellektuellen als Paradies erscheinen, anderen Menschen als Hölle.«*
>
> Hans Moravec, 1990

Was geschieht, wenn jemand den Stecker zieht? Wahrscheinlich wird sich mancher genau das nach etlichen Jahrzehnten Arbeitsspeicher-Existenz inständig wünschen.

Das papierlose Büro

Eine weitere Prognose im Zusammenhang mit Computern, die eine revolutionäre Änderung versprach, aber nicht einmal im Ansatz eingetreten ist – im Gegenteil:

> *»Das zeitraubende Hin- und Hergeschiebe von Papier wird im Büro der Zukunft durch Informationsverarbeitung mit Computern ersetzt.«*
>
> Prognose des Palo Alto Research Centers, 1970er-Jahre

2015 verbrauchte jeder Deutsche im Schnitt 244 kg Papier, Pappe und Karton – 1975 war es weniger als die Hälfte. Jeder Angestellte druckt heute durchschnittlich 31 Seiten am Tag aus, die irgendwo abgelegt oder abgeheftet werden. Man misstraut dem digitalen Datenträger, wohl auch deshalb, weil man seine eigene Back-up-Disziplin kennt …

Für viele Arbeitnehmer ist das Büro ihr täglicher Arbeitsplatz. Wie sich dieser in Zukunft gestalten würde, darüber zerbrach sich Mitte des 20. Jahrhunderts mancher den Kopf, denn es ging um das wichtigste aller Ziele: ums Verkaufen. Doch so manche Marktanalyse kam mangels Basisdaten zu sehr fehlerhaften Ergebnissen – so zum Beispiel die der Firma namens International Business Machines Corporation, abgekürzt IBM, die einen Markt komplett falsch einschätzte, auf dem sie schon früh einer der größten Akteure hätte sein können:

> *»Der gesamte Weltmarkt hat für höchstens 5 000 Kopiergeräte Bedarf.«*
>
> IBM gegenüber den Gründern des Kopiergeräteherstellers Xerox Corporation, 1959

Allein im Jahr 2008 wurden in Deutschland 700 000 Kopierer verkauft, und hinzu kamen 4,1 Millionen Multifunktionsgeräte, die auch kopieren können. Drucken, kopieren – für beides braucht man Papier. Das papierlose Büro, ebenfalls gern gewähltes Thema für Voraussagen, blieb eine ökologisch motivierte Wunschvorstellung, zum Beispiel von Roger Bonham Smith, dem CEO des Automobilherstellers General Motors:

> *»Zur Jahrhundertwende werden wir in einer papierlosen Gesellschaft leben.«*
>
> Roger Bonham Smith, CEO von General Motors Corporation, 1986

Die Jahrhundertwende ist erreicht, Papier überall.

> *»Das papierlose Büro ist genauso weit entfernt wie das papierlose Klo.«*
>
> Heinrich v. Pierer (Siemens AG) zugeschrieben

Obwohl das papierlose Klo in einigen Ländern bereits Realität ist ...

Kein Massenmedium – das Internet

43 Prozent der Menschheit waren im August 2015 online, hatten also Zugriff auf das Internet. 3,2 Milliarden Menschen können auf die dort angebotenen Inhalte zugreifen, allein 1,5 Milliarden nutzen regelmäßig Facebook. Seit 1991 existiert das World Wide Web, das 1993 durch den ersten Browser mit einer grafischen Benutzeroberfläche namens NCSA Mosaic, veröffentlicht vom National Center for Supercomputing Applications (NCSA), an Fahrt aufnahm. Dienste wie AOL und CompuServe sorgten mit ihrer eigenen Software für weitere Verbreitung und für einen gigantischen Boom bis heute. Niemand hatte diese Entwicklung vorausgesehen. Was die weltweite Vernetzung betraf, dominierten vor allem im politischen und wirtschaftlichen Establishment die Einschätzungen technikferner Schwarzseher. Auch in den Medien redete mancher klein, was er nicht kannte:

> *»Das Internet wird nicht mehr Einfluss auf die Wirtschaft haben als das Faxgerät.«*
>
> Paul Krugman, *New York Times*-Kolumnist und späterer Träger des Alfred-Nobel-Gedächtnispreises für Wirtschaftswissenschaften 2008, 1998

Selbst jene Menschen, die mit ihren technischen Erfindungen das Netz erst möglich machten, waren voller Zweifel ob der neuen Erfindung, so zum Beispiel Netzwerkpionier Robert Metcalfe:

> *»Das Internet wird wie eine spektakuläre Supernova im Jahr 1996 in einem katastrophalen Kollaps untergehen.«*
>
> Robert Metcalfe, Erfinder des Ethernets, 1990

Microsoft-Gründer und Chef-Falschprognostiker Bill Gates hatte es Jahre nach dem Start immer noch nicht auf dem Schirm, dass sich im Netz große und vor allem auch wirtschaftlich erfolgreiche Möglichkeiten bieten würden:

> *»Im Internet ist für uns nichts zu verdienen.«*
>
> Bill Gates, Gründer und Präsident von Microsoft, 1994

Und ein Jahr später, 1995, meinte er:

> *»Internet ist nur ein Hype.«*

Auch Microsoft vertreibt heute seine Softwareprodukte über das Netz und bietet zusätzlich kommerzielle Dienste an – nichts zu verdienen? Die Ratlosigkeit vieler Unternehmen gegenüber den neuen Onlinemöglichkeiten beobachteten Pressemenschen an vorderster wirtschaftlicher Front und sprachen aus, was tatsächlich Faktum war:

> *»Im Jahr 2000 werden 80 Prozent aller Unternehmen im Internet sein, aber nur 14 Prozent wissen exakt, warum.«*
>
> *New York Times*, 15. Mai 1996

Überhaupt zweifelte mancher an der Vernetzung an sich, sei es weltweit oder auch nur in der eigenen Firma. Vielleicht handelte es sich hierbei aber auch um die Schutzbehauptung von unflexiblen Angestellten, die sich vor der nächsten Schulung drücken wollten:

»Das Intranet ist lediglich eine vorübergehende Modeerscheinung.«

John Hart, Cheftechnologe des Netzspezialisten 3Com,
zitiert nach *Computerwoche* 3/97, S. 21

Um die Jahrtausendwende wuchsen die technischen Möglichkeiten, die Verbindungen wurden schneller, mit DSL boten sich Anbietern und Nutzern weitere Betätigungsfelder im Multimediabereich. Das Internet boomte – und mancher Experte konnte nicht recht folgen. So meinte Matthias Horx, Inhaber des Zukunftsinstituts in Frankfurt am Main:

»Das Internet wird kein Massenmedium – weil es in seiner Seele keines ist.«

Matthias Horx in der *WELT*, 24. März 2001

Horx glaubte, dass das World Wide Web einen neuen Menschen bräuchte, nach seinen Vorstellungen einen »informationsemanzipierten, aktiv lernenden, sozial intelligenten ›Homo netzwerkiensis.‹« Es muss enttäuschend für ihn sein, dass heute und schon seit etlichen Jahren ein Großteil des Datenverkehrs im Web doch von wahren Menschenmassen und Massenmenschen verursacht wird, die keineswegs intelligente und selbstbestimmte Intellektuelle sind, sondern Social-Network-Quasselstrippen, Miezekatzen-Poster, Onlineshopper und Pornogucker – pornografische Inhalte machen fast ein Drittel des Traffics aus, obwohl das niemand zugibt. Man hat doch nur mal ein bisschen gechattet ...

Oder sich eine Onlineshopping-Tour gegönnt – zum Thema Onlineeinkauf meinte John Naisbitt, Autor mit dem

Schwerpunkt Trends und Zukunft und Verfasser des Werkes »Megatrends«:

> *»Einkäufe per Computer werden niemals die Freuden des persönlichen Einkaufens ersetzen können.«*
>
> John Naisbitt, amerikanischer Prognostiker, »Megatrends – 10 Perspektiven, die unser Leben verändern werden«, 1984

Schon richtig, möchte man spontan sagen, denn online kann man die Ware nicht in der Hand halten, ihre Wertigkeit und ihre Funktionalität prüfen. Offensichtlich hatte der Mann aber keine Töchter, die Hin-und-her-Sende-Aktionen mit heimischer Modenschau auf Kosten von Zalando zelebrierten. So genutzt, erhalten bestimmte Bereiche des Onlinehandels geradezu ein orgiastisches Potenzial.

Das Schlusswort hat die Kanzlerin:

> *»Das Internet ist für uns alle Neuland.«*
>
> Angela Merkel am 19. Juni 2013 anlässlich des Besuchs von US-Präsident Barack Obama

Nein, das ist durchaus nicht so, Frau Merkel. Besser informierte Menschen nutzen das Netz seit mehr als einem Jahrzehnt intensiv und finden es erschreckend, wie schlecht die Kanzlerin und ihre politischen Berater in diesem Bereich informiert sind. Entsprechend fallen ihre Entscheidungen aus: Ab 2016 soll nach dem Willen von Kanzlerin und Co. für drei Milliarden Euro Kupfer- statt Glasfaserkabel »für schnelles Internet überall in Deutschland« vergraben werden – pure Geldverschwendung, weil die Technik schon bei Inbetriebnahme vollkommen veraltet ist und für das vorausgesagte Internet der Dinge nur als völlig unzureichend bezeichnet werden kann. Was war die Dame an der Spitze des Staates noch mal von Beruf, bevor sie Mutter der Nation wurde? Physikerin? Das kann nicht sein ...

Erdöl? Sind Sie verrückt? – Energie

Über Jahrtausende stand den Menschen nur mehr oder weniger die Kraft ihrer Muskeln als Energie zur Verfügung. Bestenfalls die Wärme eines Lagerfeuers, das Wissen über die Hebelgesetze und die Kräfte der domestizierten Tierwelt konnten für weitere Energie sorgen. Später lernten die Menschen, die Kraft von Wind und Wasser für ihre Zwecke einzusetzen. Erst in den letzten beiden Jahrhunderten stand plötzlich Energie in einem bisher völlig unvorstellbaren Übermaß zur Verfügung: Dampfkraft, Elektrizität, der Verbrennungsmotor, Atomkraft. Das überforderte vor allem eine Gruppe von Menschen: diejenigen, die es hätten wissen müssen – die Wissenschaftler und Experten der damaligen Zeit, versammelt in der Akademie der Wissenschaften:

> *»Das Erdöl ist eine nutzlose Absonderung der Erde – eine klebrige Flüssigkeit, die stinkt und in keiner Weise verwendet werden kann.«*
>
> Aus einer Verlautbarung der Akademie der Wissenschaften in St. Petersburg, 1806

Verstehen kann man diese Sichtweise: Erdöl hat keine sonderlich attraktiven Eigenschaften und gut riechen tut es auch nicht. Sicher war es nicht ganz einfach, von dieser sensorischen Wahrnehmung einmal abzusehen und sich ernsthafte Gedanken über die Inhaltsstoffe der braunen Brühe zu machen. Auch auf einem anderen Kontinent stand man dem Erdöl und seinen zweifellos vorhandenen Qualitäten komplett ignorant gegenüber. Ein amerikanischer Banker, der eine der ersten Ölbohrungen in den USA finanzieren sollte:

> *»Nach Öl bohren? Sie meinen Löcher in die Erde bohren und hoffen, dass Öl herauskommt? Sind Sie verrückt?«*

Als man dann aber gelernt hatte, die Energie von Erdöl zu nutzen, kippte die Waage der Fehleinschätzung gleich komplett auf die andere Seite – man sorgte sich um Nachschub. Damals ahnte noch niemand, wie groß die unentdeckten Reserven waren.

> *»Wenn nicht sofort einschneidende Maßnahmen zur Rationierung getroffen werden, sind die Erdölvorräte in weniger als vier Jahren erschöpft.«*
>
> Brief an die US-Regierung, geschrieben vom Chefgeologen des US-Staates Pennsylvania, 1874

Das waren sie dann glücklicherweise doch nicht, denn sonst hätten wir über viele Jahrzehnte unsere Fahrzeuge mit Dampfantrieb, Holzvergaser, Hafermotor oder anderen animalischen oder kreativen Lösungen fortbewegen oder zu Fuß gehen müssen.

Nicht nur beim Erdöl, schon im eigenen Haushalt erweisen sich Vorratsprognosen als ausgesprochen schwierig. Keine Milch mehr da? Wieder zu wenig Käse eingekauft? Gesamtwirtschaftlich sind die Verhältnisse nicht einfacher. Was

Hausfrau und Hausmann noch relativ gut im Griff haben, läuft dem Volkswirtschaftler so manches Mal aus dem Ruder und der Durchschnittsbürger fragt sich: Wie kann man sich nur so verschätzen? Eine Ursache: Prognosen über einen bald auftretenden Rohstoffmangel, sei es nun Erdöl oder andere Bodenschätze, waren immer schon in Mode und wurden oft auch gleich mal in Form eines allgemeinen Rundumschlags geführt, wie von Donella und Dennis Meadows, tätig am Massachusetts Institute of Technology (MIT), in der Studie »Die Grenzen des Wachstums«:

> *»Im Jahr 2100 werden sämtliche Rohstoffvorräte weltweit ausgegangen sein. Die Goldvorkommen werden bereits 1979 aufgebraucht sein, Silber im Jahr 1983.«*
>
> Donella und Dennis Meadows, Massachusetts Institute of Technology (MIT), in der Studie »Die Grenzen des Wachstums«, 1972

Ob im Jahr 2100 der Supermarkt Erde völlig ausverkauft sein wird, können wir jetzt noch nicht sagen, aber Gold und Silber sind 2016 noch im Angebot. Die Gold- und Silbervorräte haben die Jahrhundertwende überdauert und man schätzt heute, dass sie noch für mindestens 20 Jahre reichen, wenn die Abbaumenge konstant bleibt. Erdöl gibt es, wie es scheint, noch immer und vermutlich auch noch für eine ganze Weile – was ökologisch denkende Menschen nicht unbedingt besonders begrüßenswert finden. Zum Glück – so deren Sicht – könnte das Öl aber künftig gewaltig im Preis steigen, je knapper es wird, desto teurer. Womit wir bei einem besonders undankbaren Gebiet von Voraussagen angekommen sind: dem Erdölpreis. Versuche, ihn für einen längeren Zeitraum korrekt vorauszusagen, scheiterten recht häufig. Auch wenn die politischen und wirtschaftlichen Fakten für eine bestimmte Richtung sprachen:

> *»Die großartigste Sache beim Sturz von Saddam würde ein Ölpreis von 20 Dollar pro Barrel sein.«*
>
> Rupert Murdoch, Medienunternehmer, 2003

So günstig wurde es im ersten Jahrzehnt des 21. Jahrhunderts leider nie. Schon kurz danach schlug das Pendel der Prognose in die andere Richtung aus:

> *»Die Wahrscheinlichkeit, dass sich der Ölpreis in den nächsten 6 bis 24 Monaten zwischen 150 bis 200 Dollar je Barrel bewegt, steigt.«*
>
> Arjun Murti, Erdöl-Experte und Analyst bei Goldman Sachs, am 5. Mai 2008

Arjun Murti, als Experte bei einem der größten Kreditinstitute angestellt, vermutete einen Anstieg des Preises, weil das Öl knapp werden sollte. Doch das geschah nicht. Mitte 2015 pendelte der Ölpreis zwischen 40 und 50 Dollar pro Barrel. Bei Drucklegung dieses Buches Anfang 2016 fiel er unter 30 Dollar. Voraussagen über den weiteren Verlauf der Preiskurve dürfen schon jetzt massiv angezweifelt werden. Wer als anerkannter Zukunftsprophet reüssieren möchte, sollte sich keinesfalls zu Prognosen über Erdöl und den Ölpreis hinreißen lassen.

Ganz und gar ohne Öl wollten die folgenden Institutionen in der Zukunft auskommen: Im Genfer Forschungszentrum CERN dachte man über Antimaterie-Kraftwerke nach und die NASA wollte seit den 1970er-Jahren Sonnenenergie in gigantischem Maßstab nutzen und entwickelte im Laufe der Jahrzehnte unterschiedliche Projekte. Energiequelle sollte ein riesenhaftes geostationäres Kraftwerk im All sein; die Energie aus einer bis zu 50 Quadratkilometer großen Sonnensegel-Konstruktion würde, so überlegte man, sich in Form eines gebündelten Mikrowellenstrahls zur Erde schicken lassen. Alle Vorhaben scheiterten spätestens bei der Kostenkalkulation – zu viel Geld für zu wenig Energie. Schon richtig, die Solarenergie war seit dem Jahr 2000 groß im Kommen, zunächst aber ohne die NASA. Seit 2012 läuft allerdings bei der NASA ein neues Projekt: Energie aus dem All.

Sozusagen 120-prozentig hinter der grünen Sache steht dieser politische Seher eines zukünftigen Energieparadieses:

> *»Wir haben hier genügend Wind, da macht es keinen Sinn, bei 100 Prozent Erneuerbaren-Anteil Schluss zu machen.«*
>
> Jürgen Suhr, Landesvorsitzender Bündnis 90/Die Grünen Mecklenburg-Vorpommern, Neue Energie, Juli 2011

Weder zivil noch militärisch – Atomenergie

Die Vorstellung von einer unerschöpflichen Energiequelle war einfach zu verlockend. Im gleichen Maße unwahrscheinlich erschien es Laien und Fachwelt, dass dieser Wunschtraum Wirklichkeit werden könnte. Als die Kraft aus dem Atom endlich Realität war, zeigte sie sich in den Bomben von Hiroshima und Nagasaki von ihrer zerstörerischen Seite. Seit Beginn ihrer friedlichen Anwendung streiten sich die Fraktionen auf das Heftigste. Three Miles Island, Tschernobyl, Fukushima – katastrophale Erfahrungen mit der ach so großartigen Energie aus den Tiefen der Materie und das wohl Jahrhunderttausende währende Entsorgungsproblem der verwendeten nuklearen Brennstoffe sollten eigentlich jedermann überzeugt haben, welches die richtige Seite in der Atomkraftfrage ist. Ganz am Anfang stand allerdings massive Skepsis – auch Vertreter akademischer Kreise mit hoher physikalischer Kompetenz zweifelten an der Machbarkeit einer Energiegewinnung aus dem Atom:

> *»Es gibt nicht das geringste Anzeichen, dass wir jemals Atomenergie entwickeln können.«*
>
> Albert Einstein, 1932

> *»Atomenergie lässt sich weder zivil noch militärisch nutzen.«*
>
> Nikola Tesla (1856–1943), Physiker und Elektrotechniker

Tesla hat weder eine Atombombenexplosion noch Berichte darüber miterlebt. Auch anderen Wissenschaftlerkollegen fehlte der Blick auf die Realitäten – oder die Fantasie für das Horrorpotenzial künftiger Waffen – wie etwa dem britischen Experimentalphysiker Ernest Rutherford:

> *»Die Energie, die durch Atomzertrümmerung produziert wird, ist eine armselige Sache. Jeder, der von der Umwandlung dieser Atome eine Kraftquelle erwartet, redet nur Blabla.«*
>
> Lord Ernest Rutherford (1871–1937) im Jahre 1933

Später unterschätzte man aufseiten der Politik drastisch, was sich da in den Waffenschmieden an atomarer Bombentechnik zusammenbraute – nur ein paar Jahre vor den ersten Atombombenexplosionen verkannte man noch ihre bisher nicht gekannte Zerstörungskraft:

> *»Die Atomenergie mag vielleicht so gut sein wie die uns heute bekannten Sprengstoffe, aber es ist sehr unwahr-*

scheinlich, etwas sehr viel Gefährlicheres herstellen zu können.«

Winston Churchill, 1939

Zu den späteren Männern des Irrtums gehörte ein amerikanischer Militär:

»Sie wird nie losgehen, und ich spreche hier als Fachmann für Sprengstoffe.«

US-Admiral William Daniel Leahy über die Atombombe, 1945

So weit die »böse« Atomenergie – mit dem Aufkommen ihrer zivilen Nutzung und vor dem Hintergrund militärischer Demonstrationen ihrer Urgewalt entwickelte sich bald eine Begeisterung für die Energie aus Uran, Plutonium und Radium, die ans Irrationale oder gar an religiöse Verehrung grenzte. So vermutete man für das kommende Jahrtausend:

»Die Schachtanlagen der Kohlebergwerke sind zugeschüttet. Atomkraftwerke beherrschen jetzt das Leben und die Arbeit der Menschen.«

Birkel-Sammelalbum »Die Welt von morgen«,
neue überarbeitete Auflage, 1962

Man prognostizierte in den 1960er-Jahren allein für Deutschland eine Leistung von 110 000 Megawatt aus Kernkraftwerken. Davon sollten allein 80 000 Megawatt aus schnellen Brütern stammen. Zu besten Atomkraftzeiten leisteten 17 nukleare Kraftwerke zusammen etwa 22 000 Megawatt, nach Inkrafttreten der Atomgesetznovelle vom 31. Juli 2011 wurden viele Meiler abgeschaltet und keine neuen in Betrieb genommen. 2015 waren noch acht AKWs mit einer Bruttoleistung von 11 357 Megawatt am Netz. Die Prognose lag um den

Faktor 5 falsch, und Strom aus einem kommerziellen schnellen Brüter kreiste zu keinem Zeitpunkt durch das Netz.

Die RAND Corporation (**R**esearch **AN**d **D**evelopment), eine US-amerikanische Denkfabrik, die nach dem Zweiten Weltkrieg unter anderem auch das US-Militär beriet, sah wohl unter dem Eindruck der ersten Ölkrise in den 1970er-Jahren die Zukunft in der »sauberen« Kernfusion. Fusionsreaktoren sollten schon bald Energie für alles und jedes liefern – ein Wunsch, der bis heute nicht in Erfüllung gegangen ist und möglicherweise nie in Erfüllung gehen wird.

Nun ist der Ausstieg aus der Atomenergie Realität. Dabei sah die strahlende Zukunft damals doch so wunderbar aus:

> *»Atomkraftwerke auf künstlichen Inseln sollen die großen Energielieferanten der Welt werden. Wie der US-Forscher Prof. Hammond errechnete, werden für 15 Milliarden Menschen etwa 3000 solcher Inseln gebraucht. Jede ist so groß, dass Flugzeuge darauf landen können. Die Energie-Insel wird Industrien anlocken. Professor Hammond sieht an der Küste Farmfabriken entstehen ...«*
>
> Ulrich Schippke: »Die Zukunft – Das Bild der Welt von morgen«, Gütersloh, 1974, Bildunterzeile auf Seite 18

Diese und ähnliche Fantasien, auf die Sie später in diesem Buch noch stoßen werden, zeugen von einer geradezu kindlichen Naivität im Umgang mit tödlich gefährlichen Stoffen und der Vorgang des Erwachsenwerdens ist in den Köpfen vieler Zeitgenossen noch immer nicht in Gang gekommen. Lieber heute als morgen würden gewisse Kräfte der Wirtschaft den nächsten gigantischen Meiler in Betrieb nehmen, begleitet von perfekt verschleiernden Falschprognosen über die tatsächlichen Kosten, die schon in der Vergangenheit Atomenergie günstig erscheinen ließen.

Verkehr

Es ist ein grundlegendes Problem der menschlichen Existenz, sich von A nach B zu bewegen. Dies gelang in den frühen Jahren der Menschheit nur unzureichend und unter Zuhilfenahme der eigenen Füße, ein Faktum, dem wir unter anderem das Sprachengewirr auf diesem Planeten verdanken. Dem Jäger genügte es noch, der Beute möglichst schnell zu Fuß zu folgen, und der Sammler legte ziemlich langsam lange Wege zurück, um Kräuter und Beeren auf den Speisezettel setzen zu können. Die Inka und Maya verzichteten sogar auf das Rad und gingen zu Fuß. Wie wäre die Menschheitsgeschichte verlaufen, wenn wir schon früh beweglicher gewesen wären?

Erstickende Fahrgäste – die Eisenbahn

Die Wohlhabenden bewegten sich hoch zu Ross oder in der Kutsche, der Pöbel benutzte die eigenen Füße. So war es lang geübte Praxis. Warum etwas daran ändern? Zunächst siegte die Skepsis, als eine neue, großartige Erfindung sich anschickte, jedermann relativ preiswert mit mäßiger, aber bisher ungekannter Geschwindigkeit von A nach B zu transportieren. Allen voran schwante wohl dem Mediziner Dr. Dionysius Lardner Übles. Ihm wird das folgende Zitat nachgesagt:

> *»Das Reisen mit der Eisenbahn bei hohen Geschwindigkeiten ist nicht möglich, da Passagiere nicht in der Lage wären zu atmen und erstickten.«*
>
> Prof. Dr. Dionysius Lardner (1793–1859), britischer Arzt

Diese Aussage wird immer wieder aus dem Zusammenhang gerissen und so dargestellt, als sei sie für die damals übliche Reisegeschwindigkeit der Eisenbahn gemeint. Dr. Lardners Satz bezog sich wohl aber auf eine Extremsituation: Er befürchtete, dass ein Eisenbahnzug im 1841 fertiggestellten, leicht abschüssigen Box Tunnel auf der Great Western Main Line zwischen Bath und Chippenham bei einem vollständigen Bremsausfall unkontrolliert beschleunigen und eine Geschwindigkeit von 120 Miles per hour, also etwa 193 km/h erreichen könnte – und das könnte tödliche Folgen haben.

Britische Ärzte mussten also keineswegs Erstickende in großer Anzahl retten, als am 27. September 1825 erstmals gleich 600 Personen auf der neun Meilen langen Strecke der Stockton and Darlington Railway mit der Wahnsinnsgeschwindigkeit von 24 km/h auf Schienen befördert wurden.

Stephensons Lokomotive Nr. 1 zog 38 Wagen, darunter etliche mit Passagieren voll besetzt.

So pessimistisch die Prognosen in den Anfangstagen der Eisenbahn waren, so positiv entwickelte sich das Verkehrssystem weiter. Dampflokomotiven wie die Mallard stellten unerhörte Geschwindigkeitsrekorde auf, so wie den vom 3. Juli 1938: beachtliche 201,2 km/h, bis heute der offizielle Geschwindigkeitsweltrekord für Dampflokomotiven. Alle Fahrgäste überlebten auch dieses hohe Tempo. Was Wunder, dass man Ende der 1950er-Jahre großartige Möglichkeiten für kommende Tage voraussah:

> *»Vierzig Meter lang ist die Atomlok. Sie entwickelt eine Leistung von 7 000 PS. Auf 14 Achsen ruht das Gewicht von 330 Tonnen. (...) In der Mitte der Atomlok liegt der Reaktorpanzer, eine Bleikammer, die die gefährliche Strahlung zurückhält.«*

Birkel-Sammelalbum »Die Welt von morgen«,
neue überarbeitete Auflage, 1962

So falsch ist manches nicht an dieser Prognose. 2007 leistete der Triebkopf eines ICE 3 ansehnliche 10 876 PS, allerdings bei einem Gewicht von 409 Tonnen. Nur: Die Atomkraft spielt bei der Eisenbahn des 21. Jahrhunderts nicht die geringste Rolle. Auch die folgende Prognose – quasi die Vision einer alles vereinnahmenden Super-Eisenbahn – blieb eine Seifenblase im Reich der Illusionen:

> *»Eine Hochleistungsschnellbahn meistert den Verkehr von morgen. In 10 Jahren wird sich die Zahl der Autos verdoppelt haben, im Jahr 2000 werden 35 000 Lastwagen täglich unterwegs sein. Die Autoschienenbahn nimmt sie*

huckepack. Sie befördert gleichermaßen Personen, Autos und Massengüter, mit einem Spitzentempo von 400 km/h die großen Industrieräume verbindend. In weit geschwungenem Bogen überquert eine eigene Trasse Gebirge und Siedlungen auf Stelzen. Die Züge gleiten, von Computern gesteuert und durch Luftkissen oder Elektromagneten frei schwebend gehalten, an den Schienen entlang.«

»Das neue Universum« Bd. 86, Union Verlag, Stuttgart, erschienen 1969

35 000 Lastwagen täglich – das wäre heute ein verkehrsberuhigter Traum. Zum Vergleich: Um die Jahrtausendwende waren in Deutschland 2,5 Millionen Lkws unterwegs, 2015 stieg die Zahl sogar auf über 2,7 Millionen. Möglicherweise sind nicht alle gleichzeitig auf Straßen und Autobahnen anzutreffen – aber 35 000 pro Tag wären nur mit einem partiellen Fahrverbot zu erreichen.

Die Hochleistungsschnellbahn, die nach dem Wunsch der Prognostiker aus dem »Neuen Universum« den Verkehr der Zukunft bewältigen helfen sollte, war allerdings mit 400 km/h für Robert M. Salter, einen RAND-Ingenieur der frühen 1970er-Jahre, viel zu langsam. Sein Very High Speed Transit System (VHTS) sollte New York und Los Angeles in nur zwei Stunden Fahrzeit verbinden. Dazu, so errechnete der Ingenieur, sei eine Geschwindigkeit von 14 000 Miles per hour nötig, was etwa 42 500 km/h entspricht, die 20-fache Schallgeschwindigkeit. Erreicht werden sollte dieses atemberaubende Tempo über ein Magnetbahnsystem in luftleeren Röhren. 1978 plante Salter noch ein weiteres, ähnliches und noch leistungsfähigeres System namens Planetran – es sollte eine Verbindung zu anderen Planeten schaffen.

Aus: R. M. Salter: »The Very High Speed System«, 1972

R. M. Salter: »Trans-Planetary Subway Systems – A Burgeoning Capability«, Februar 1978

Wie wir wissen, gab es nicht einmal Realisierungsansätze zu solchen Vorhaben. Aber man irrte in diesen Jahren nicht nur im großen Ganzen – auch bei Entwicklungen im Detail und bei der Einschätzung einzelner Projekte lagen die Verkehrsexperten gründlich daneben:

> *»Jetzt noch einen Kanaltunnel zwischen England und Frankreich bauen? Völlig überflüssig! Mit dem Jahr 1969 ist zwischen diesen beiden Eckpfeilern Europas endgültig das Zeitalter der Hovercrafts angebrochen – die befördern alles: Menschen, Autos, Post, Eilgüter, Frachten. Hovercrafts stündlich, schon heute!«*
>
> Heinz Conradi: »Der Traum vom Schweben«, in: Das neue Universum, Bd. 86, Union Verlag, Stuttgart, 1969, S.245

Dieser Lobgesang auf eine Art luftiger Fortbewegung verklang ungehört. Hovercrafts kamen aus der Mode, der 50 km lange Eurotunnel wurde gebaut und am 9. Februar 2009 für den Verkehr eröffnet.

Hässliche Fehlkonstruktion – das Automobil

Der Wagen ohne Pferde – dieser Wunschtraum ist mit Sicherheit alt. Vermutlich rollte er schon in grauer Vorzeit durch viele archaische Träume und Wunschvorstellungen. Der Weg zu den modernen Illusionen aus Blech und Chrom war jedoch lang. Allerdings hat schon Mother Shipton, die englische Seherin des 15. Jahrhunderts und Zeitgenossin von Nostradamus, es kommen sehen:

»Die Armen werden großes Wissen besitzen
Große Häuser stehen in weitem Tal
Alles bedeckt mit Schnee und Hagel
Ein Wagen ohne Pferd wird fahren
Unglück füllt die Welt mit Gram.«

Mother Shipton (1488–1561)

Diese fünf Zeilen enthalten erstaunlich viel Wahrheit – Wikipedia, die Verstädterung der Welt, das Automobil und die Depression als Massenphänomen – nur in punkto Klimaerwärmung lag die Seherin vermutlich falsch. Wenn man allerdings eine Verschiebung des Golfstroms als Folge einer Klimaänderung als Möglichkeit in Betracht zieht, ist eine Eiszeit für Mitteleuropa nicht unwahrscheinlich.

Zeitnäher und auf weitaus weniger prophetischer Höhe mutmaßte der französische Ur-Sciencefiction-Autor Jules Verne über das künftige, allgemein gebräuchliche Fortbewegungsmittel der Zukunft im 20. Jahrhundert:

»Die unzähligen Wagen wurden von einer unsichtbaren Kraft bewegt, mithilfe eines Motors, bei dem sich Luft durch Gasverbrennung ausdehnte. Der wichtigste Vorteil (dieses Motors) besteht darin, dass er Kessel, Feuerstelle und Brennstoff abschaffte.«

Jules Verne, französischer Schriftsteller,
in »Paris im 20. Jahrhundert«, 1863

Benzinmotor? Gasantrieb? Diese Prognose enthält Deutungspotenzial – Sie erinnern sich an das Orakel von Delphi? Es kommt ganz darauf an, wie man es betrachtet, Irrtum ausgeschlossen. Noch Jahrzehnte später irrte sich hingegen ein Mann, der Überblick über den Stand der Technik seiner Zeit hätte haben sollen, in deutlicher Weise: Dr. G. van Muyden, Bibliothekar des Kaiserlichen Patentamtes zu Berlin, der 1881 sogar Mitherausgeber eines Buches zum Thema war: »Die Erfindungen der neuesten Zeit. 20 Jahre industrieller Fortschritte im Zeitalter der Weltausstellungen«. An anderer Stelle meinte er:

> *»Auch hat Benz einen Benzinwagen gebaut, welcher auf der Münchener Ausstellung Aufsehen erregte. Diese Anwendung der Benzinmaschine dürfte indessen ebenso wenig zukunftsreich sein wie die des Dampfes auf die Fortbewegung von Straßenfuhrwerken.«*
>
> Dr. G. van Muyden, Bibliothekar des Kaiserlichen Patentamtes zu Berlin, im »Herderschen Jahrbuch der Naturwissenschaften, 1888/89«, herausgegeben von Dr. M. Wildermann

Dass allerdings auch die Hersteller ihr Produkt und seine Möglichkeiten extrem kritisch sahen, verwundert ein wenig. Offenbar waren die Autos jener Tage noch so schwer zu bändigen, dass sie einen eigens ausgebildeten Fahrer benötigten:

> *»Wegen der begrenzten Anzahl an Chauffeuren wird die weltweite Nachfrage nach Automobilen die Zahl 5000 nicht übersteigen.«*
>
> Marktanalyse von Mercedes-Benz aus dem Jahre 1900

Kurioserweise existiert von dieser Prognose auch eine Version, in welcher die Zahl 5 000 durch eine volle Million ersetzt wurde – so viel zum Thema Recherchesicherheit. 5000 oder eine Million – in führenden Kreisen hegte man zunächst massive Zweifel und tendierte zu konservativen Einschätzungen. Kaiser Wilhelm II. meinte noch im Jahr 1900:

> *»Ich glaube an das Pferd. Das Automobil ist nur eine vorübergehende Erscheinung.«*
>
> Kaiser Wilhelm II. (1859–1941)

Der Legende nach soll 1902 eine Art Rennen zwischen des Kaisers vierspänniger Kutsche und einem der ersten Motorwagen irgendwo auf Deutschlands Straßen die kaiserliche Sichtweise deutlich verändert haben. Direkt nach diesem Ereignis erwarb man bei Hofe das erste Automobil und erlaubte dem Deutschen Automobil-Club, sich künftig »Kaiserlicher Automobil-Club« zu nennen. 1910 soll Kaiser Wilhelms Fuhrpark bereits aus 22 Kraftwagen bestanden haben, 20 davon waren Personenkraftwagen, gesteuert von seinen Chauffeuren. Die elfenbeinfarbenen Fahrzeuge des Monarchen trugen dunkelblaue und goldene Streifen und hatten eine spezielle vierstimmige Hupe, welche die übrigen Verkehrsteilnehmer schon aus der Entfernung über das Kommen des kaiserlichen Gefährts informieren sollte.

Während man in hohen Adelskreisen Automobile anschaff te, waren die Einschätzungen über das neue Verkehrsmittel anderen Ortes noch immer wenig positiv:

> *»Das Pferd wird bleiben, das Automobil ist nur eine Neuheit – eine Mode!«*
>
> Horace Rackham, Präsident der Michigan Savings Bank, 1903

Dies war keine sehr weitsichtige Einschätzung, denn die Entwicklung schritt rasant voran. Schon 1911 stellte ein Benz-Rennwagen einen Geschwindigkeitsrekord auf, den keiner der Zweifler auch nur erahnen konnte: 228 km/h! In kürzester Zeit hatte die technische Entwicklung des Automobils erstaunliche Fahrwerte möglich gemacht. Nicht nur der sportliche Fahrer auf der Rennstrecke – ganz Deutschland strebte nun nach dem Automobil. 1914 bevölkerten bereits 55 000 dieser lärmenden und stinkenden Gefährte deutsche Straßen. Mit stolzgeschwellter Brust verkündete wenige Jahre später Carl Benz, Autopionier und der bedeutendste Automobilhersteller dieser Zeit, dass nun der Zenit der Technik erreicht sei:

> *»Das Auto ist fertig entwickelt. Was kann noch kommen?«*
>
> Carl Benz, um 1920

Von der technischen Entwicklung in jüngerer Zeit ganz zu schweigen: Es kam zum Beispiel das Auto für jedermann, Fahrzeuge wie das millionenfach produzierte Ford Modell T oder das Kraft-durch-Freude-Automobil, der spätere Volkswagen Käfer, ebenfalls ein Millionenerfolg. Allerdings einer mit Startschwierigkeiten – als nach dem verlorenen Zweiten Weltkrieg der große Ausverkauf deutscher Industriewerke abgewickelt wurde, zweifelte die Konkurrenz an den Qualitäten des Käfers und ließ sich ein vielstelliges Millionengeschäft entgehen:

> *»Das Fahrzeug entspricht in keiner Weise den elementarsten technischen Erfordernissen eines Automobils. Es ist zu hässlich und zu laut. Seine Produktion würde sich als Verlustgeschäft beweisen.«*
>
> William Rootes über den VW-Käfer, als man ihm 1945 die kostenlose Übernahme der VW-Werke anbot

Rootes herrschte übrigens über mehrere britische Automobilmarken wie etwa Humber, Hillman, Sunbeam und die ehemals französische Marke Talbot. Ein in Großbritannien erstellter Untersuchungsbericht bescheinigte dem VW-Käfer, dass er nicht den Anforderungen entsprach, die man damals an einen modernen Kleinwagen stellte – eine Fehlprognose ohnegleichen. Volkswagen ist geblieben – Rootes Firmen wurden 1967 von der Chrysler Corporation übernommen. Henry Ford II hatte ähnliche Zweifel, was den Käfer anging:

> *»Nein danke, dieses Auto ist eine Fehlkonstruktion.«*
>
> Henry Ford, als er 1945 VW kostenlos übernehmen sollte

Wohlgemerkt ging es keineswegs um eine ausgebombte Automobilfabrik. Nur 20 Prozent der Werksbauten waren zerstört, etwa 93 Prozent der Produktionsmaschinen waren im einsatzfähigen Zustand. In seiner weiteren Entwicklung wurde das Volkswagenwerk in Wolfsburg zur größten Automobilfabrik der Welt. Seine Fläche erreicht die Größe von Gibraltar, unter der überdachten Hallenfläche fände das Fürstentum Monaco Platz. Und schon 1955 wurde der 1 000 000ste Volkswagen ausgeliefert.

Aber nicht alle setzten auf das Automobil: So mancher glaubte in diesen Jahren, es gäbe bessere Alternativen, wie etwa Waldemar Kaempffert (1877–1956), Wissenschaftsautor, Museumsdirektor und Schöpfer der fiktiven Zukunftsfamilie Dobson in einem Artikel der *New York Times*:

> *»Statt mit dem Auto von Tottenville nach Kalifornien zu fahren, in ihrem tropfenförmigen Auto, angetrieben von einer Hochdruckmaschine im Heck, die billigen Spiritus verbrennt, nutzt Familie Dobson den Hubschrauber, der auf dem Dach geparkt wird. Das Auto wird vor allem zum Einkaufen und für Fahrten von nicht mehr als 20 Meilen eingesetzt.«*
>
> Waldemar Kaempffert: »Miracles You'll See In The Next Fifty Years«, Artikel in der *New York Times*, Februar 1950

Während die Amerikaner vom Stadtverkehr in der Luft träumten, schufen die Produkte von VW auf den Straßen rollende Tatsachen: Der Käfer lief und lief – was ließ sich an diesem Automobil noch verbessern? Keine Frage, auf den frühen Käfer sollte noch eine ganze Reihe von technisch aufgewerteten Modellen folgen. Zum Beispiel war die Sicherheitsausstattung ein Aspekt, den es in den kommenden Jahren und Jahrzehnten zu optimieren galt. Volvo erhielt 1959 ein Patent auf den Dreipunkt-Sicherheitsgurt, aber die Propheten einer großartigen Zukunft dachten weit darüber hinaus, wenn auch nur im Birkel-Sammelbilder-Album:

> *»Das unfallsichere Auto, das Konstrukteure und Physiker der Cornell Universität in New York State entwickelt haben, trägt nicht nur vorn und hinten Stoßdämpfer, sondern auch an den Seiten. Sie sind nicht, wie bei einem normalen Auto, starr montiert, sondern ruhen auf Federn. Bei einem Zusammenstoß oder Sturz wird der Stoß federnd aufgefangen.«*
>
> Birkel-Sammelalbum »Die Welt von morgen«,
> neue überarbeitete Auflage, 1962

Federnde Stoßdämpfer – keine sonderlich gute Idee, denn statt die Energie des Aufpralls zu vernichten, würden sie dafür sorgen, dass das Unfallopfer sie gleich mehrfach erlebte. Auf ähnliche Weise nicht zu Ende gedacht ist die folgende Prognose, die zwar das Problem der Kollision mit der Windschutzscheibe im Falle eines Unfalls erkennt, aber die naheliegenden, heute weltweit angewandten Lösungen – Sicherheitsgurt und Airbag – nicht einmal in Ansätzen erahnt:

»Die Windschutzscheibe wurde weit nach vorn gerückt, um ein Gegenschlagen mit dem Kopf auszuschalten.«

Birkel-Sammelalbum »Die Welt von morgen«,
neue überarbeitete Auflage 1962

Innovative Technik sollte auch dem Antrieb des Automobils zugutekommen. Es wurde in Erwägung gezogen, die vom Flugzeugbau her bekannte Stahlturbine als Motor zu nutzen, versprach sie doch erstaunliche Steigerungen in punkto Leistung und Geschwindigkeit. Darüber, dass in den mehrere Hundert Grad heißen Abgasen einer nach dem Rückstoßprinzip arbeitenden Turbine vielleicht Fußgänger gegrillt werden konnten, darüber dachte man im Rausch der innovativen Technik nicht nach:

»Statt eines Kühlergitters trägt der Turbinenwagen zwei mächtige Einlassschächte für den Turbinenantrieb. Beim Anlassen des Wagens ertönt ein hohes, pfeifendes Geräusch. Es ist das Heulen der Gasturbine.«

Birkel Sammelalbum »Die Welt von morgen«,
neue überarbeitete Auflage, 1962

Eine Art technischer Springteufel jener Jahre war die Atomenergie:

»Bei diesem besonders schnittigen Modell aus dem Jahr 1975 handelt es sich um einen eleganten Zweisitzer mit Heck-Atomantrieb; die Sitze befinden sich dicht hinter den Vorderrädern, und eine Kühlerhaube gibt es nicht mehr, so dass der Fahrer nahezu unbeschränkte Sicht hat.«

Ernst Behrendt: »So leben wir 1975«, *hobby* 11/1955, Ehapa-Verlag

Atomantrieb für alle und alles – was für ein Glück, dass alles ganz anders gekommen ist. Wie hätte man auch den Straßenverkehr mit pfeilschnellen Turbinen- und Atom-Autos unter Kontrolle halten sollen? Strahlungstests beim TÜV? Polizisten, die Geschwindigkeitssünder mit Raketen verfolgen? Nein, die Verkehrspolizei wäre in der Zukunft ohnehin überflüssig, dachte man:

> *»Hurra, es wird keine Polizisten mehr geben! Der Elektronenrechner tritt an ihre Stelle – aufmerksamer als der schärfste Polizist! Wer dann irgendwo auf weiter Flur mit seinem Wagen ein wenig schneller als vorgeschrieben fährt, wird erleben, dass er bei seiner Ankunft zuhause schon ein Strafmandat auf dem Tisch liegen hat. Das ganze Verfahren ist so einfach: Eine automatische Fernsehkamera hält die Nummer des Wagens fest, die automatische Geschwindigkeitsmessung gibt das Signal für das Strafmandat an den Rechner, und dieser druckt automatisch das Strafmandat. Es enthält natürlich keine Aufforderung zum Zahlen, sondern nur die knappe Mitteilung, daß ein bestimmter Betrag als Strafe für die Geschwindigkeitsüberschreitung automatisch vom Bankkonto abgebucht wurde.«*

Hobby Bücherei Bd. 15: »Report 1998 – so leben wir in 30 Jahren«,
Bildunterschrift auf Seite 93, Ehapa-Verlag, 1968

Überwachungsstaat? Big Brother? Die Gerichtsbarkeit außer Kraft gesetzt? Nein, das ist nur die konsequente Verfolgung von Rasern. Konsequent im Sinne der Umwelt geht es zu in Ökotopia, einer von dem amerikanischen Schriftsteller und Universitätslehrer Ernest Callenbach (1929–2012) erfundenen Zukunftswelt:

»Bald nach der Unabhängigkeit (Anmerkung: von Ökotopia) wurde privater Fahrzeugbesitz innerhalb ›autofreier‹ Zonen verboten. Diese Zonen erstreckten sich anfangs nur auf die Innenstädte, wo Umweltverschmutzung und Überbevölkerung die bedenklichsten Ausmaße angenommen hatten. Als das Kleinbusnetz ausgebaut wurde, erweiterte man die Zonen, die heute alle dicht besiedelten Stadtgebiete umfassen.«

Ernest Callenbach: »Ökotopia – Notizen und Reportagen von William Weston aus dem Jahre 1999«, 1975, S. 35

Der Transport von Waren und Personen innerhalb von Städten wird in Ökotopia übrigens mit elektrischen Fahrzeugen bewerkstelligt, welche sich die Ökotopianer aus vorgefertigten Bauteilen selbst zusammenbauen können – dabei entstehen sehr individuelle Lösungen wie zum Beispiel ein Elektrolastwagen mit Treibholzkarosserie, über und über mit Seemuscheln geschmückt, der einer Fischereikommune gehört.

Autofreie Städte? Gut, es gibt heute Fußgängerzonen, Citymaut, Carsharing, ein paar Elektromobile und autofreie Inseln – weiter sind wir noch nicht. Stadtbewohner daran zu hindern, ein Automobil zu kaufen, das hätte wohl eine massiv aufgebrachte Reaktion der autobegeisterten Mitbürger zur Folge ...

Abflug per Rohrpost – Öffentlicher Nahverkehr

Die 1960er-Jahre lieferten im Hinblick auf den öffentlichen Nahverkehr eine Vielzahl von Ideen und Vorausahnungen, von denen manche Realität geworden sind, andere reine Fantasiegebilde blieben. Über Stromlinienzüge, Rohrpostsysteme für Personen oder individuell steuerbare Röhrentaxis wurde ebenso nachgedacht wie über den Fließbandtransport großer Menschenmassen in den Städten. Schon früh kam man auf Magnetbahnen, 400 und mehr Kilometer pro Stunde schnelle Geschosse auf endlosen Stelzenlindwürmern sollten das Land durcheilen – einer der wenigen technischen Träume, die mit dem Transrapid Wirklichkeit wurden und erst in heutiger Zeit ihr Scheitern erlebten – zumindest in Deutschland. Ebenso falsch lag der Zukunftsdeuter Ernst Behrendt bei folgendem Verkehrssystem:

> *»Die Menschen von 1975 werden schneller reisen können als wir: sie werden rollendes Straßenpflaster haben ...«*
>
> Ernst Behrendt: »So leben wir 1975«. *hobby* 11/1955, Ehapa-Verlag

Auf der Frankfurter Buchmesse und an ähnlichen Orten gibt es Fließbänder für Messebesucher, und 2014 arbeitete die Thyssen-Gruppe an einem 12 km/h »schnellen« Laufband für den Personentransport – im Straßenbild einer Stadt sucht man es noch vergeblich. Einzige Ausnahme: Hongkong. Dort kann seit 1993 jedermann den Central Mid-Levels Escalator nutzen, eine 800 m lange und 245 Millionen Hongkong-Dollar teure Kette aus Rolltreppen und Förderbändern. Zum allgemeinen Stadtbild gehört das rollende Straßenpflaster jedoch nicht. Dafür stößt man immer noch auf ein Verkehrsmittel, dessen weiteres Existieren man 1965 für die Zeit nach 1990 infrage stellte:

> *»Die letzten Autobusse werden 1990 aus dem Stadtverkehr verschwinden.«*
>
> Battelle-Institut, 1965

Und welches Verkehrsmittel sollte die Busse ersetzen?

> *»Personenrohrpost: Ferngesteuerte Hochbahnzüge jagen auf Betonpfeilern kreuzungsfrei über die Geschäftsstraßen der Weltstädte hinweg, indessen sich unter der Erde Fallrohre von 3 m Dicke hinziehen. (...) Pressluft drückt die Wagen durch die leergepumpten Fahrrohre, die in halb mit Wasser gefüllten Tunnelrohren schwimmen. (...) Sie können zu einige hundert Metern langen Zügen zusammengestellt werden. (...) Drei Züge können stündlich 9000 Menschen mit 500 bis 600 km/h Geschwindigkeit befördern.«*
>
> Bildunterschrift zur Ausklappseite zu Seite 395 »Schnellverkehr von morgen: Personenrohrpost«, in: »Das neue Universum«, Bd. 84, 1967

Mit Adlers Hilfe – der Luftverkehr

Der Traum vom Fliegen ist so alt wie die Menschheit – diesen Satz konnte sich der Autor an dieser Stelle nicht verkneifen, obwohl er reichlich abgegriffen ist. Dass Menschen fliegen wollten, stand eigentlich immer fest, nur die Wahl der Mittel war zeitbedingt jeweils eine andere. Bei den alten Griechen genügten Federn und Wachs – eine Fehlkonstruktion mit tödlichem Ausgang für den Testpiloten Ikarus.

Die ersten Visionen eines Personenluftverkehrs aus dem 19. Jahrhundert wirken auf den heutigen Betrachter ähnlich kurios, handelt es sich doch bei Julius von Voß in seinem Werk »Ini. Ein Roman aus dem ein und zwanzigsten Jahrhundert« aus dem Jahr 1810 um ein schwebendes Haus mit Raubvogelantrieb:

> *»Es war dies ein Häuschen von dünnem Schilfrohr geflochten und mit Fenstern aus einem ganz durchsichtig gemachten leichten Horne versehn. Zwei Kabinette, eine Kammer für die Dienerschaft und eine Küche, mit dem nöthigen kleinen Magazin von Speisen und Getränken, waren im Innern abgetheilt. Kostbare Teppiche schmückten mit andern Geräthschaften die Kabinette. Das Dach war platt, mit einem Geländer und Sitzen umgeben, sich dort bei angenehmer Witterung aufzuhalten. An dies Dach waren die seidenen Stränge befestigt, welche von der oben schwebenden Azotkugel niederhingen. Man wußte jetzt das Azot [Anmerkung des Autors: Stickstoff] viel leichter und einfacher zu bereiten als im Anfang der Luftschifferei. Auch hatte lange schon die Versuche, Adler zu zähmen und an die Fahrzeuge zu spannen, Erfolg gekrönt. Man hielt auch viele Institute zur Zucht und Einlehrung dieser Thiere.«*

Julius von Voß: »Ini. Ein Roman aus dem ein und zwanzigsten Jahrhundert«, Berlin, 1810

Richtig, Ihre Vorstellungskraft hat Sie nicht getäuscht, hier fliegt ein von Ballons getragenes Haus, gezogen von Adlern. Überhaupt wären diese Visionen ohne die Mithilfe dieser Raubvögel kläglich gescheitert:

> *»Das Fahrzeug, worin die Schöne nach Afrika eilen sollte, war mit zwanzig rüstigen Thieren bespannt. Guido bat flehend um die Erlaubniß, sie einen Grad begleiten zu dürfen. Athania und Gelino willigten ein. Er miethete also eine kleine offene Gondel, wie sie zu Briefposten im Gebrauch war, die nur an einem kleinen Ball hing und von zwei Adlern fortgeschafft werden konnte. Diese ward an das größere Fahrzeug befestigt und die beiden Adler einst-*

weilen vorne mitgebraucht. Man stieg an einem herrlichen Morgen ein, und ließ das Fahrzeug sich hoch erheben.«

Julius von Voß: »Ini. Ein Roman aus dem ein und zwanzigsten Jahrhundert«, Berlin, 1810

Es macht Vergnügen, sich den heutigen Luftverkehr adlerbasiert vorzustellen: der Flughafen Frankfurt umgeben von unzähligen riesigen Volieren voller Greifvögel. Und warum heißt der Airbus A380 so und nicht anders? Logisch, es erheben ihn 380 Adler in die Lüfte. Die größte Gefahr für einen zuverlässigen Flugplan wäre nicht mehr ein Pilotenstreik, sondern die Vogelgrippe ...

Ganz ohne Adler und vielleicht deshalb nur 15 Meter weit flog 1891 Otto Lilienthal, was ihn dennoch wenig später zu kühnen Voraussagen veranlasste:

»Durch Flugmaschinen werden die Grenzen der Länder ihre Bedeutung verlieren ... und sie werden uns daher den ewigen Frieden schaffen.«

Otto Lilienthal, (1848–1896), Flugpionier, im Jahr 1894

Diesen mutigen, aber für das 19. Jahrhundert noch weitgehend realitätsfernen Visionen folgten in späteren Jahren erst einmal kleinliche Zweifel aus wissenschaftlichem Munde – sie sollten sich als Irrtümer herausstellen.

»Der Flug mit Maschinen schwerer als Luft ist unpraktisch und unbedeutend, wenn nicht ganz unmöglich.«

Simon Newcomb, kanadischer Astronom, 1903

Diese eine von mehreren Äußerungen des kanadischen Wissenschaftlers zum Thema Fliegen zeigt aber auch, dass er sich – obwohl ein wenig fachfremd – trotz aller Bedenken intensiv mit dem Problem befasste. Dass er mit seinem Irrtum nicht allein war, verdeutlicht die folgende Aussage eines großen Genies, des Universalgelehrten Lord Kelvin:

> *»Es ist unmöglich, Flugmaschinen zu bauen, die schwerer als Luft sind.«*
>
> Lord Kelvin (1824–1907)

Aber es gibt bei diesem überaus häufig verbreiteten Zitat ein gewichtiges Problem: Es ist nirgendwo eine Quelle dafür auszumachen, Lord Kelvin hat es aller Wahrscheinlichkeit nach weder mündlich geäußert noch irgendwo schriftlich festgehalten. Logisch, dass Ort und Zeit dieses Statements nicht festzumachen sind. Ähnlich verwickelt verhält es sich mit folgender Behauptung:

> *»In den nächsten 50 Jahren wird kein Mensch fliegen.«*
>
> Wilbur Wright (Flugpionier), 1901

Interessant an diesem Zitat ist vor allem, wie es zustande kam. Zum einen existiert es in mehreren Varianten, zum Beispiel in dieser:

> *»Der Mensch wird es in den nächsten 50 Jahren nicht schaffen, sich mit einem Metallflugzeug in die Luft zu erheben.«*

Zum anderen geht es wohl auf eine indirekte Äußerung von Wilbur Wright zurück:

> *»I confess that in 1901 I said to my brother Orville that man would not fly for fifty years.«*

Übersetzt in etwa:

> *»Ich gebe zu, dass ich 1901 zu meinem Bruder Orville gesagt habe, dass in den nächsten 50 Jahren kein Mensch fliegen wird.«*
>
> Wilbur Wright in einer Rede vor dem Aero Club of France am 5. November 1908

Woran er 1901 noch nicht glauben mochte: Schon am 17. Dezember 1903 flogen zunächst sein Bruder Orville und dann auch Wilbur Wright selbst – der erste Motorflug der Geschichte! Zum ersten Mal hatte sich eine Maschine mit einem Menschen durch eigene Kraft in freiem Flug in die Luft erhoben, war in waagerechter Bahn vorwärts geflogen und war schließlich gelandet, ohne zum Wrack zu werden, wie Orville Wright es beschrieb – der Anfang einer ganz großen Erfolgsgeschichte.

Schon zwischen 1937 und 1950 wuchs die Zahl der beförderten Flugpassagiere von 85 000 auf 321 000. Im Jahr 1951 – also 50 Jahre nach Wilbur Wrights pessimistischer Voraussage – lagen die Passagierzahlen bereits im zweistelligen Millionenbereich. Im Jahr 2015 wurden weltweit 3,3 Milliarden Fluggäste transportiert, rein statistisch flog etwa jeder zweite Mensch im Laufe eines Jahres.

Gleichermaßen wie die Seher des zivilen Luftverkehrs mit ihren Prognosen irrte sich auch der folgende Mann des Militärs, der französische Marschall Ferdinand Foch:

> *»Flugzeuge sind interessante Spielzeuge ohne militärischen Wert.«*
>
> Marschall Foch (1851–1929), französischer Militärstratege, 1912

Bereits im Ersten Weltkrieg spielten Flugzeuge eine tödliche Rolle, sie wurden nicht nur zur Aufklärung eingesetzt, sondern auch zur Bekämpfung von Bodentruppen und für Bombardements – wahre Werkzeuge des Schreckens.

Zivil oder militärisch genutzt – zahllose Flugzeuge wurden in den folgenden Jahrzehnten konstruiert und erhoben sich mehr oder weniger mühelos in die Luft, Waren und Passagiere transportierend, mit Hilfsgütern oder den furchtbaren Hilfsmitteln für Tod und Verderben in ihren Laderäumen. Eine eher heitere und bequeme, ja fast rosarote Zukunft in der Luft für alle Menschen sah man in den 1950er-Jahren in der einschlägigen prognostischen Literatur aufdämmern:

»Alle Automobilisten werden sich darauf freuen, morgen in ihrem fliegenden Auto über Land ›fahren‹ zu können und vielleicht statt bisher vor den Häusern auf den Häusern die bequemsten Parkplätze zu finden.«

Kurt Streit: »Morgen fliegen wir im Auto«, in: Das neue Universum Bd. 71, Union Verlag, Stuttgart, 1954

Den unvermeidlichen Atomantrieb wollten Fortschrittsfanatiker dieser Jahre auch in das Flugzeug einbauen, ohne dabei auch nur einen Gedanken an die möglichen Konsequenzen bei einer Havarie zu verschwenden:

»Im Atomflugzeug finden ohne Weiteres 300 Passagiere mit ihrem Gepäck Platz, mindestens 30 Autos und zusätzlich noch Fracht. Dieses außergewöhnliche Flugzeug ist 200 m lang. Es fliegt mit dreifacher Schallgeschwindigkeit und entwickelt eine Stundengeschwindigkeit von 3 600 Kilometern. Ein kleiner Atomreaktor ist im rückwärtigen Teil des Riesenflugzeuges eingebaut. (...)

Besatzung und Fluggäste werden vor den Gammastrahlen und dem Strom der Neutronen, die aus dem Atomreaktor entweichen, durch eine starke Bleiwand geschützt. Aus Sicherheitsgründen liegen die Passagierräume im vorderen Drittel des Atomflugzeuges.«

Birkel-Sammelalbum »Die Welt von morgen«,
neue überarbeitete Auflage, 1962

Sehr hilfreich wären diese Sicherheitsüberlegungen bei einer ernsthaften Havarie wohl nicht gewesen. Glücklicherweise blieben uns diese strahlenden Luftfahrzeuge erspart. Auch die weiteren in der Prognose genannten Fakten wurden von der Realität ad absurdum geführt: Ein Airbus A380 aus dem Jahre 2015 kann maximal 853 Passagiere transportieren, also fast dreimal mehr, als man in nicht allzu ferner Vergangenheit vermutete. Der Jet ist mit Mach 0,89 oder »nur« 958 km/h kein Überschallflugzeug, nur etwa 80 Meter lang und transportiert zwar Fracht, aber keine Autos. Man ist nämlich unterdessen auf eine hervorragende Idee gekommen: Man stelle sich vor – Flugpassagiere können sich heute an jedem Ankunftsflughafen ein Auto mieten ...

Walfisch oder Atomreaktor – die Schifffahrt

Hier der winzig kleine und hilflose Mensch, da das gewaltige Meer, das zu bereisen eine große Herausforderung darstellte – unsere Vorfahren mussten all ihren Mut zusammennehmen, wollten sie sich gegen Wogen und Stürme stellen und ihre vertraute und sichere Heimat hinter sich lassen, um auf Forschungs- und Eroberungsreisen zu gehen. Sie riskierten in wahren Nussschalen ihr Leben auf einer schier unendlichen Wasserfläche, ausgerüstet nur mit unzureichenden Hilfsmitteln und als Antrieb angewiesen auf ihre Körperkraft oder den Wind. Über ein grundlegendes Problem der Schifffahrt – die Orientierung in der uferlosen Leere am Stand der Gestirne, wobei die Bestimmung der exakten Uhrzeit eine wesentliche Voraussetzung war – dachte bereits der große Wissenschaftler Isaac Newton nach, sah aber keine Lösung:

> *»Eine Uhr, die auf Schiffen pro Tag auf circa 3 Sekunden genau geht, ist undenkbar.«*
>
> Sir Isaac Newton, 1714

Die sekundengenaue Uhrzeit ist für die exakte Ortsbestimmung auf dem Meer unerlässlich.

Schwimmende Inseln als nautisches Verkehrsmittel sah wiederum ein fantasievoller Prognostiker des 19. Jahrhunderts, wobei er bei der Fortbewegung wie auch in seinen Prognosen für die Luftfahrt auf Hilfe vonseiten der Tiere setzte:

> *»Nun offenbarte sich aber, daß Wallfische von ungeheurer Größe, deren Köpfe und Rücken auch vorher, obwohl nicht deutlich, über der Fluth bemerkt worden waren, das Eiland gezogen hatten. Die Männer, mit ihrer Lenkung bis dahin beschäftigt, spannten sie jetzt von den unerhört dicken Geschirren, warfen Anker von seltener Schwere, und banden die Thiere an ihren Tau. Wallfische gezähmt, zum Dienst des Menschen angelehrt? rief Alles; in wem erwachte zuerst der kecke Einfall? welche Mittel ersann er, ihm Wirklichkeit zu geben?«*
>
> Julius von Voß: »Ini. Ein Roman aus dem ein und zwanzigsten Jahrhundert«, Berlin, 1810

Ganz ohne die Hilfe der Meeressäuger musste ein großer Staatsmann und Feldherr den Naturgewalten des Meeres entgegentreten: Napoleon Bonaparte. Er war allein auf den Wind angewiesen, konnte aber auch nicht glauben, dass die Dampfmaschine bei der Fortbewegung auf dem Meer auf irgendeine Weise behilflich sein würde. Gegen den Wind? Niemals!

> *»Was, bitte sehr, veranlasst Sie zu der Annahme, dass ein Schiff gegen den Wind und gegen die Strömung segeln könnte, wenn man nur ein Feuer unter Deck anzünde? Bitte entschuldigen Sie mich. Ich habe keine Zeit, um mir so einen Unsinn anzuhören.«*
>
> Napoleon Bonaparte, 1810

Themen der Seefahrt bereiten offenbar auch an sich fantasiebegabten Menschen beachtliche Schwierigkeiten. Wer konnte sich schon Schiffe vorstellen, die unterhalb der Wasseroberfläche schwammen? Auch der folgende große Schriftsteller hatte Zweifel an derartigen submaritimen Neuerungen:

> *»Tut mir leid, aber ich kann mir beim besten Willen nicht vorstellen, was U-Boote im Krieg bewirken könnten – außer, dass sie ihre Besatzungen dem Erstickungstode aussetzen.«*
>
> H. G. Wells, Schriftsteller, 1901

Diese Meinung teilte er wohl mit den politischen Entscheidungsträgern und der Allgemeinheit seines Landes. Das Deutsche Reich gab jedoch schon 1904 die ersten U-Boote zu militärischen Zwecken in Auftrag. Am 14. Dezember 1906 wurde U1 in Dienst gestellt – das erste deutsche Militär-U-Boot der deutschen Kaiserlichen Marine, und das zu einem Zeitpunkt, als die meisten Briten wohl noch immer an der Meinung ihres Landsmannes, des Schriftstellers Wells, festhielten. So konnte es kommen, dass zu Beginn des Ersten Weltkrieges am 21. September 1914 das deutsche U-Boot SM U 9 vor der niederländischen Küste gleich drei britische Panzerkreuzer mit Torpedos versenkte. Her Majesty's Royal Navy war not amused, zog ein U-Boot als Ursache des Desasters aber nicht einmal in Betracht. Man glaubte, die Schiffe seien auf Minen gelaufen. Trotz oder gerade wegen dieser Fehleinschätzung waren U-Boote im Ersten Weltkrieg extrem scharfe Waffen, denn es gab keine Möglichkeit für den Feind, die Angreifer unter Wasser zu erkennen oder gar abzuwehren.

Vielleicht waren es die Weltkriege, welche weitere absurde Prognosen über Schiffe und die Schifffahrt verhinderten und die Erwartungen auf den Boden der Tatsachen zurückholten. Doch in den 1960er-Jahren bemächtigte sich der allgemein überbordende Fortschrittswahnsinn auch der Sichtweise maritimer Verkehrsmittel. In der folgenden Voraussage über die Passagierschifffahrt hielt es die Schiffe der Zukunft nicht mal mehr auf der Wasseroberfläche:

> *»Der fliegende Dampfer (...) ähnelt gar nicht mehr unseren bisherigen Seefahrzeugen. Rund wie eine Untertasse soll der grandiose Neubau über die Weltmeere gleiten. Er wird so schwer wie ein 15 000-Tonnen-Frachter sein und so schnell wie ein Motorflugzeug fliegen. Fünf oder sogar zehn Dieselmotoren sollen den Luftgiganten vorantreiben. Seinen Durchmesser berechnet man auf rund 300 Meter, seine Spitzengeschwindigkeit auf 185 Kilometer in der Stunde.«*

Birkel-Sammelalbum »Die Welt von morgen«,
neue überarbeitete Auflage, 1962

In einer anderen Vorhersage, den Transport von Waren und Gütern betreffend, verschob sich der Aktionsbereich von Schiffen gleich unter die Wasseroberfläche, und natürlich wurden in der Vorstellung der Zukunftsvisionäre auch diese nautischen Neuerungen von Atomkraft getrieben, die man in Visionärskreisen als eine Art Ultima Ratio immer und überall einzusetzen versuchte:

> *»Wie übergroße Walleiber gleiten die U-Tanker, von Atomkraft getrieben, durch die grüne Dämmerung der Weltmeere. 180 Meter sind sie lang. Fast der gesamte Schiffsrumpf kann mit Fracht beladen werden. Nur wenig Raum beansprucht der Reaktor, der mit Uran 235 oder Plutonium als Energiequelle arbeitet. Die Tauchtiefe liegt für U-Tanker wie für Erzfrachter zwischen sechzig und hundert Meter. Niedriger dürfen diese Schiffe nicht tauchen. Der ungeheure Wasserdruck würde sie sonst zerquetschen.«*

Birkel-Sammelalbum »Die Welt von morgen«,
neue überarbeitete Auflage, 1962

Können Sie sich das Ausmaß der ökologischen Katastrophe vorstellen, sollte ein solcher U-Tanker unter Wasser havarieren? Hunderttausende Tonnen Erdöl, vermischt mit den Überresten eines möglicherweise explodierten Reaktors, verteilt in allen Weltmeeren und weiterverbreitet von Ebbe und Flut sowie den großen Meeresströmungen?

Wissenschaft

Dimensionen, von denen wir gestern noch nichts ahnten, geniale Erfindungen, für den mittelmäßigen Geist undurchschaubare Formelwerke und theoretisch-fiktive Welten – das sind die Themen der Wissenschaft. Das menschliche Hirn läuft zur Hochform auf, alles ist möglich, der Spekulation sind Tür und Tor geöffnet, denn der Wissenschaftsprognostiker bewegt sich in Arealen, die einem gewöhnlichen Sterblichen zumeist verschlossen bleiben.

Betrug oder Fiktion? Theorien, Entdeckungen und Erfindungen

Besonders im Bereich der Wissenschaft haben es Vorreiter, Entdecker und Pioniere nicht ganz einfach, ernst genommen zu werden, begeben sie sich doch mit jeder ihrer potenziellen Großtaten auf gefährliches Glatteis. Ihre Konkurrenten warten nur darauf, ihnen Fehler oder gleich völliges Versagen nachzuweisen.

Ein relativ einfacher Verbrennungsversuch hätte die weitverbreitete Theorie vom geheimnisvollen Gas Phlogiston als grundlegend falsch entlarven können, zu deren Verfechtern der folgende Herr gehörte:

»Stoffe, die verbrennen, werden deshalb leichter, weil aus feinen Poren ein Gas, Phlogiston, entweicht.«

Georg Ernst Stahl (1659–1734), deutscher Wissenschaftler

Georg Ernst Stahls Theorie von diesem mysteriösen Gas wurde um 1774 durch den französischen Chemiker Antoine Laurent de Lavoisier und die Einführung genauer quantitativer Messmethoden widerlegt.

Die Rolle des Kritikers birgt aber dieselben Gefahren, sich lächerlich zu machen, wie die des Forschers. Was, wenn die kritisierte Entdeckung oder Neuerung nun doch Bestand hat? So meinte William Thomson, besser bekannt als Lord Kelvin, zur Entdeckung geheimnisvoller N-Strahlen durch Conrad Röntgen und ihre fast unglaublichen Eigenschaften:

»Diese Strahlen werden sich als Betrug herausstellen.«

William Thomson respektive Lord Kelvin, 1895

Erstaunlich, der Erfinder des Gasthermometers und Präsident der Royal Society, eine Institution der Wissenschaftsriege, zu dessen Ehren heute die wissenschaftliche Temperaturskala benannt ist, zweifelte an der Entdeckung eines Kollegen. Missgunst, Neid, Ignoranz oder aber kritische wissenschaftliche Betrachtung? Was auch immer ihn zu seiner Behauptung bewegt haben mag: Erfreulicherweise zeigte der harsche Kritiker Kelvin Einsicht, nachdem Conrad Röntgen ihm Informationen und Fotos seiner großartigen Entdeckung zugesandt hatte. Mehr noch: Er gratulierte ihm am 17. Januar 1896 zu seiner wissenschaftlichen Großtat. Am 6. Mai 1896 stellte Lord Kelvin sogar seine Hand für eine Röntgenaufnahme zur Verfügung.

Skepsis in Bezug auf die Entdeckungen von Kollegen ist offenbar kein Einzelfall, man belauerte sich anscheinend auch schon in der Vergangenheit argwöhnisch und säte – natürlich aus rein wissenschaftlichen Gründen – Zweifel:

> *»Pasteurs Theorie von Bazillen ist lächerliche Fiktion.«*
>
> Pierre Pachet, Professor der Physiologie in Toulouse, 1872

Was für eine Schnapsidee aber auch, Krankheitserreger! Irgendwelche winzigen Mistviecher, die seiner Fantasie entsprungen sein müssen. Überhaupt: Was man nicht sieht, gibt es auch nicht!

> *»Ich kann die Relativitätstheorie ebenso wenig akzeptieren, wie ich die Existenz von Atomen und anderen solchen Dogmen akzeptieren kann.«*
>
> Ernst Mach (1838–1916)

Und das, obwohl Albert Einstein den 40 Jahre älteren österreichischen Physiker und Wissenschaftstheoretiker als Wegbereiter der Relativitätstheorie sah und als Vorbild bewunderte. Was Ernst Mach, übrigens auch der Forscher, nach dem die Mach-Zahl, ein Maß für die Geschwindigkeit im Verhältnis zur Schallgeschwindigkeit, benannt ist, wohl zum heutigen Forschungsstand zum Thema subatomare Teilchen sagen würde?

Die Erde, die Sterne und überhaupt alles andere da draußen

Was die Natur des Weltalls und unseres Heimatplaneten betrifft, so zieht sich durch die Menschheitsgeschichte ein endloser Strang von Fehleinschätzungen und falschen Prognosen, und auch der heutige Stand des Wissens wird mit Sicherheit noch von so mancher himmelschreienden Unrichtigkeit durchdrungen sein. Betrachten wir die Irrungen der Vergangenheit und beginnen wir mit einigen der größten:

»Die Erde ist eine Scheibe.«

Augustinus von Hippo, 354–430 n. Chr

Merkwürdig nur, dass niemand am Rand hinunterfiel. Nicht ganz so alt, aber genauso falsch war die folgende Einschätzung irdischer Verhältnisse. Man wusste zu diesem Zeitpunkt in wissenschaftlichen Kreisen schon über die Kugelgestalt unseres Planeten Bescheid und machte sich nun so seine Gedanken über das Innenleben der Erde. So meinte Edmond Halley (1656–1741):

»Die Erde ist hohl.«

Edmond Halley, englischer Astronom

In diesem Punkte irrte der große Astronom; er konnte aber auch nicht nachschauen. So viel zum Planeten Erde selbst – auch seine Verortung im Universum gab Anlass zu einer Vielzahl abenteuerlicher Vermutungen. Unser Heimatplanet wurde auf unterschiedliche Weise in die Sphären und das Räderwerk des Sternenhimmels eingebunden, galt aber lange Zeit als Fixpunkt in der Mitte allen Geschehens.

»Die Erde ist der Mittelpunkt des Universums.«

Gaius Plinius Secundus Maior, 23–79 n. Chr.

Der griechische Gelehrte Claudius Ptolemäus perfektionierte dieses Weltbild im 2. Jahrhundert nach Christus durch eine geschickte theoretische Erklärung der kreiselnden Bewegungen der Planeten auf ihren kreisförmigen Bahnen. Er führte die sogenannten Epizykeln ein, um diese komplizierten und teils rückläufigen Bahnbewegungen zu erklären. Dies gelang ihm so gut, dass es mehr als 1500 Jahre dauern sollte, bis man das ptolemäische Weltbild infrage stellte. Doch konnte es wie etwa im Falle Galileo Galilei sehr gefährlich sein, eine eigene Meinung über das Wesen der Welt zu vertreten, bestand doch im 17. Jahrhundert die Macht in Form der kirchlichen Inquisition auf einer unbeweglichen Erde, die noch dazu im Zentrum des Universums stand. Zu behaupten, dass die Sonne das Zentrum des Alls darstellt und sich nicht um die Erde dreht, wurde von den hohen Herren als töricht, absurd und im theologischen Sinne für falsch und ketzerisch angesehen. Da war man als Gelehrter schon auf der sicheren Seite, wenn man für diese offizielle Meinung Argumentationshilfen lieferte wie etwa der dänische Astronom Tycho Brahe:

»Die Erde ist zu träge, um sich zu bewegen.«

Tycho Brahe, berühmtester Astronom seiner Zeit, um 1600

Erst 1851 zeigte das Foucault'sche Pendel, dass die Erde keineswegs ein Ruhepol im hektischen Geschehen ist, sondern sich tatsächlich um ihre eigene Achse dreht. Tycho Brahe beließ die Erde als ruhenden Punkt in der Mitte, immerhin kreisten in seinem Weltsystem die anderen Planeten um die Sonne. Der verdiente Astronom wollte offenbar beide Weltbilder – das ptolemäische und das heliozentrische des Kopernikus – miteinander in Einklang bringen.

Die Verhältnisse im Weltall sind mittlerweile geklärt, die Streitpunkte unserer Vorväter kümmern uns nicht mehr. Wir erkennen mithilfe wissenschaftlicher Überlegungen, welches Objekt um welches andere kreist, und weil wir ja so viel über das Universum wissen, kam die Gattung Homo sapiens irgendwann auch auf die Idee, das Weltall zu erobern – eigentlich eine lächerliche Idee, wenn man sich die Größenrelationen vor Augen führt. Dennoch steigerte man sich in einen Wettlauf um die Vorherrschaft im Weltraum (»The Conquest of Space«) hinein. Die Akteure: die Union der sozialistischen Sowjetrepubliken (UdSSR) und die Vereinigten Staaten von Amerika (USA).

Diese kollektive Illusion hatte nicht nur enorme Auswirkungen auf die Rüstungstechnik. Vor allem schuf sie Raum für immer neue Weltraumfantasien von Wissenschaftlern und Technikern. Sich selbst erhaltende Städte auf Mond, Venus und Mars gehören noch zu den realitätsnäheren Varianten am Übergang zwischen wissenschaftlicher Projektplanung und Science Fiction.

Parallel zeigte sich aber immer mehr, dass der wissenschaftlich-technische Fortschritt seine Schattenseiten hatte. Massive Umweltverschmutzung, das Wettrüsten oder ein globaler Atomkrieg konnten den Planeten Erde durchaus gefährden. Zumindest das erkannte man jetzt, doch man fantasierte fröhlich an den eigentlich nötigen Umweltschutzmaßnahmen vorbei: Stattdessen wurden aus Reiseplänen Fluchtszenarien. Nicht nur der Auszug der irdischen »Elite« ins All wurde in Gedanken durchgespielt (siehe O'Neill-Kolonien weiter unten im Text).

Ganze Völkergruppen des von Menschen unbewohnbar gemachten blauen Planeten sollten in riesigen Selbstversorger-Raumschiffen Jahre oder gar Generationen lang durchs Universum reisen, immer auf der Suche nach einem Ersatzplaneten, einer zweiten Erde. Auch über die Gefahren einer solchen Reise herrschte blauäugige Ignoranz: harte Strahlung, die Auswirkungen der Schwerelosigkeit, die zu überwindenden gewaltigen Distanzen in der unvorstellbaren Leere des Alls, das Fehlen auch nur einer Idee für einen wirklich geeigneten Antrieb – das wird schon alles werden, irgendwann in der Zukunft, bis dahin werden die Wissenschaftler Lösungen gefunden haben.

Wie es aussieht, werden derartige Exkursionen in die Tiefe des Weltraums für lange Zeit Fantasiereisen bleiben. Sogar die unserer Sonne nahen Fixsterne sind wohl unerreichbar. Die Menschheit wird mit der nahen kosmischen Nachbarschaft, also unserem Planetensystem, auskommen müssen. Doch selbst daran zweifelten manche Forscher früherer Jahre:

»Interplanetarischer Verkehr ist sicher unmöglich.«

Auguste Piccard, Schweizer Wissenschafter, Physiker und Erfinder, 1937

Eine Behauptung, die bisher noch nicht durch eine konkrete Handlung widerlegt ist, selbst die kürzesten interplanetarischen Reiserouten, die Strecken Erde – Mars und Erde – Venus, hat noch kein bemanntes Raumschiff zurückgelegt. Allerdings lassen die Planungen für eine Marsexpedition vermuten, dass Auguste Piccards Zweifel an interplanetarischen Reisen in einiger Zeit zur wissenschaftlichen Makulatur gehören werden wie auch die Vermutungen des französischen Wissenschaftlers Lee de Forest (1873–1961):

> *»Ich sehe keine Raumschiffe auf dem Weg zum Mond oder zum Mars. Wir Sterblichen müssen auf der Erde oder zumindest in ihrer Atmosphäre leben und sterben.«*
>
> Lee de Forest, Erfinder der Dreielektrodenröhre und »Vater des Radios«, 1952

Lee de Forest war in den frühen 1950er-Jahren nicht der einzige Skeptiker in Sachen Raumfahrt. Das ist insofern verständlich, als das erste von Menschen geschaffene Objekt im All, der Satellit Sputnik, erst 1957 gestartet wurde und die erste bemannte Erdeumkreisung durch Juri Gagarin noch bis 1961 auf sich warten ließ.

Immerhin schlossen die Journalisten der Wissenschaftszeitung *Science Digest* bereits 1948 Menschen im Weltall nicht mehr vollständig aus und sahen eine Perspektive, wenn auch in ferner Zukunft:

> *»Auf dem Mond zu landen und um ihn herumzufliegen wirft so viele ernste Probleme auf, dass deren Lösung 200 Jahre dauern könnte.«*
>
> *Science Digest*, 1948

Auch fast zehn Jahre später änderte sich für einen fachkundigen Wissenschaftler diese Perspektive noch nicht: Es sei noch ein langer Weg bis zu einer Reise zum Erdtrabanten, meinte Sir Harold Spencer Jones, Astronomer Royal und von 1945 bis 1948 Präsident der Internationalen Astronomischen Union. Seine Schätzung: 30, 60, 90 Jahre ...

»Es wird noch Generationen dauern, bis der Mensch auf dem Mond landet.«

Sir Harold Spencer Jones, Königlicher Astronom, 1957

Wie würde es sein, dort oben auf dem Mond?, fragten sich lebendige Geister auf der Erde und nahmen trotz aller pessimistischen wissenschaftlichen Prognosen über den Zeitpunkt einer Mondlandung das Paradies auf dem Erdtrabanten schon einmal vorweg:

»Infolge der geringen Schwerkraft [auf dem Mond] wachsen die Radieschen so hoch wie Dattelpalmen; und alle Bauwerke können sechsmal leichter sein als auf der Erde.«

Vorhersage aus: »Das neue Universum«, Bd. 75, Bildunterschrift zu einer Ausklappseite, Union Verlag, Stuttgart, erschienen 1958

An Bauwerke in Leichtbauweise dachten die ersten Astronauten auf dem Mond sicher noch nicht und Radieschensamen hatten sie auch nicht dabei, als am 21. Juli 1969 Neil Armstrong und Buzz Aldrin die ersten menschlichen Fußabdrücke im Mondstaub hinterließen. Diese gelungene Aktion gab der Sache des Raumflugs kräftigen Schub und regte die Fantasie der Visionäre intensiv an. So prognostizierte Herman Kahn, RAND-Zukunftsforscher und Berater des Pentagons, in den 1960er-Jahren:

»Mitte der Achtzigerjahre wird es den ersten bemannten Flug zum Mars geben.«

Herman Kahn (1922–1983), Strategieberater der US-Regierung, Kybernetiker und Futurologe

Eine gewisse Ungenauigkeit haben alle Prognosen, aber in diesem Falle irrte Herman Kahn um mehrere Jahrzehnte. Auch der folgende Prognostiker, NASA-Mitarbeiter Eugene Konecci, war offenbar zu optimistisch:

»In 40 Jahren wird es auf dem Mars ›Städte‹ unter riesigen Plastikkuppeln geben, in denen irdische Bedingungen aufrechterhalten werden. Dann ist auch die Raumfahrt für jedermann möglich.«

Eugene Konecci, NASA-Mitarbeiter, 1966

Noch war niemand auf dem Mars und schon gar nicht braucht irgendjemand einen Stadtplan von Mars City. Außer ein paar Raumsonden und ferngesteuerten Fahrzeugen hat bisher nichts von der Erde den roten Nachbarplaneten erreicht.

Immerhin könnte die folgende Prognose über die Nutzung des nahen Weltraums noch Wirklichkeit werden:

»Wie einst die Fahrten des Kolumbus den Erdteil Amerika, so haben die Apolloflüge den Raum zwischen Erde und Mond erschlossen. Nun werden wir daran gehen, ihn zu nutzen. Vom federleichten Schaumstahl bis zur perfekten Hohlkugel gibt es tausenderlei Dinge, von denen wir heute schon wissen, dass sie nur in der Schwerelosigkeit des Alls machbar sind. Noch bis Ende dieses Jahrhunderts werden daher die ersten kosmischen Fabriken ihre Produktion

aufnehmen. Ebenso von wirtschaftlichem Nutzen diktiert sein werden auch die ersten Mondkolonien.«

Ulrich Schippke: »Die Zukunft – Das Bild der Welt von morgen«, Gütersloh 1974, S. 134

Die permanente Anwesenheit von Menschen im erdnahen Weltraum beschränkt sich derzeit auf die Besatzung der Internationalen Raumstation ISS. Auch die kommerzielle Nutzung des näheren Universums um uns herum durch kosmische Fabriken oder Weltraumtourismus, wie in der folgenden Prognose vorausgesagt, muss wohl vertagt worden sein:

»Berufsmäßige Astronauten werden um das Jahr 1980 herum wie Flugzeugführer Passagier-Raumschiffe steuern, mit denen Wissenschaftler, Wirtschaftler, Journalisten und sogar Touristen auf Besuchsreise zu den Weltraumstationen hinaufgeflogen werden, die inzwischen in der Erdumlaufbahn eingerichtet worden sind.«

Hans Gerhard Meyer: »Wie es weitergeht – Raumfahrt im nächsten Jahrzehnt. Ein Gespräch mit Wernher von Braun«, in: Das neue Universum Bd. 86, Union Verlag, Stuttgart, 1969, S. 471

Alles im Griff – das Wetter

Die Meteorologen hatten es zu Anfang des 21. Jahrhunderts endlich geschafft, das Wetter für die nächsten Tage halbwegs präzise vorauszusagen. Doch damit bleibt diese Wissenschaft weit hinter dem zurück, was die Menschen des 20. Jahrhunderts von ihr erwarteten.

So zum Beispiel Thomas F. Malone, tätig an der National Academy of Sciences und von 1960–1961 Präsident der American Meteorological Society. Er sah nicht nur die Klimaerwärmung voraus, sondern verstieg sich auch in Zukunftsvisionen über eine Art aktive Meteorologie: Regen sollte es bereits in den 1970er-Jahren auf Abruf geben, sodass es niemandem mehr an Wasser fehlen sollte. Unwetter, so vermutete Malone, würde man in den 1980er-Jahren in den Griff kriegen und es lernen, Hagelschlag, Gewitter und Schneekatastrophen aktiv zu verhindern. Zur Jahrtausendwende wäre auch das Ende aller Wirbelstürme gekommen – menschliche Wettermacher würden geeignete Gegenmaßnahmen ergreifen.

Noch effektiver wollte der amerikanische Architekt Richard Buckminster Fuller 1960 gegen die Unbilden des Wetters in seinen Planungen vorgehen, die er sogar in gereimter Form niedergeschrieben hat:

»Let architects sing of aesthetics that bring
Rich clients in hordes to their knees;
Just give me a home, in a great circle dome
Where stresses and strains are at ease.«

R. Buckminster Fuller (1895–1983)

Sein »Shoji Sadao Dome Over Manhattan«, ein gigantisches Plexiglasdach, sollte zukünftig für beständiges Frühlingswetter sorgen, Atomreaktoren die dazu nötige Energie liefern. Das etwa 1,5 km hohe Bauwerk mit einem Durchmesser von knapp drei km sollte von der 62nd Street bis zur 22nd Street reichen. Fuller schätzte seine Projekte auf besondere Weise ein:

»Ich erfinde einfach und warte dann, bis Menschen kommen und das brauchen, was ich erfunden habe.«

R. Buckminster Fuller

Was den Dome über Manhattan betrifft: Er wartet wohl immer noch auf Interessenten.

Kultur

Vorhersagen gehören in der Kultur zum Alltagsgeschäft. Galeristen und Intendanten suchen mit großem Einfühlungsvermögen nach dem Zeitgeist von morgen, jeder Musikverleger antizipiert den Erfolg der Solisten und Bands, die er betreut, und jeder Verlagslektor wünscht seinem gewählten Manuskript den ganz großen Durchbruch am Markt – meist bleibt die Trefferquote recht mäßig. Oder anders gesagt: Auch die größten Erfolge sahen mal wie Flops aus.

Gitarre ist nicht gefragt – Musik

*»He was starving in some deep mystery
like a man who is sure what is true.«*

Leonard Cohen, »Master Song«

Über Geschmack lässt sich bekanntlich streiten, besonders über den musikalischen. Doch wer professionell mit Musik zu tun hat, muss sich jeden Tag mit Geschmacksfragen befassen. Meist geht es dabei nicht um den eigenen, sondern um den der breiten Massen, denn für die kommerzielle Welt der Musik ist vor allem gut, was beim Publikum ankommt. Die schlimmsten Befürchtungen über die Musik der Zukunft hatte wohl Wilhelm Kienzl, der nicht großartige Symphonien, sondern gewaltige Kakofonien auf die Menschheit zukommen sah und dieses Szenario auch satirisch kommentierte:

»Bei einem der letzten Tonkünstlerfeste wurde ein umfangreiches Werk von dem Komponisten Delirius aufgeführt, in dem nicht nur der Melodie und dem architektonischen Rhythmus offenkundig der Krieg erklärt, sondern auch die Zerstörung aller Vorurteile der bisherigen Tonsetzkunst besorgt wird, um alles dem fessellosen Fluge der Phantasie zu opfern, die hier lediglich dem Koloristischen zustrebt.«

Wilhelm Kienzl: »Die Musik in 100 Jahren – eine überflüssige Betrachtung«, in: »Die Welt in 100 Jahren«, hrsg. von Arthur Brehmer, 1910, S. 232

Nicht nur sollte das Orchester der Zukunft bis zu 500 Musiker umfassen, ihm sollte auch völlig neues Instrumentarium zur Verfügung stehen, wahre Folterwerkzeuge des musikalischen Schreckens:

> *»Auch neue Instrumente wird man erfinden, von denen jedes einzelne den Tonumfang der ganzen Gattung aufweist, so daß kein Zweifel in der Tonfarbe, wie er beispielsweise zwischen Fagott und Oboë besteht, mehr möglich ist. Man wird Baßflöten und Diskantfagotte, 12saitige Universal-Geigen und Sopran-Pauken konstruieren und verwenden, von den ins Ungeheuerliche gesteigerten Detonationen und hypercharakteristischen Geräuschen der Schlag- und Lärminstrumente gar nicht zu reden, deren heute schon hochentwickelte Vielfältigkeit u. a. noch durch Kanonen, Dynamit-Explosions- und Erdbeben-Einsturz-Maschinen erhöht werden wird.«*

Wilhelm Kienzl: »Die Musik in 100 Jahren – Eine überflüssige Betrachtung«, in: »Die Welt in 100 Jahren«, hrsg. von Arthur Brehmer, 1910, S. 236

Was sah der empfindsame Musikliebhaber der Vergangenheit damit voraus? Technisch gesehen ist es anders gekommen, aber bestimmte Bands der Metal-Szene und manche Werke der Neuen Musik erfüllen die Albträume von Herrn Kienzl durchaus. Im Trend liegt er also richtig. Den Trend verpennt hat hingegen einer seiner schreibenden Nachfolger. Bei nur ungenügender Prüfung irrte ein Journalist gewaltig, der eigentlich seine Hand am Puls der Zeit hätte haben sollen. Gar keine Zukunft sah er für den Rock 'n' Roll voraus:

> *»Im Juni wird er verschwunden sein.«*

Die US-Zeitschrift *Variety* über den Rock 'n' Roll, 1955

Musikprofis, vor allem in der Plattenindustrie, brauchen entweder ein gutes Bauchgefühl oder eine breite Datenbasis. Auf die Meinung von Freunden und Verwandten sollte man besser nichts geben. Was wäre aus John Lennon, heute weltbekannter Gigant der Musik, geworden, hätte er auf seine Tante gehört?

> *»Vom Gitarrespielen, mein Junge, kannst du nicht leben!«*
>
> Mary Elisabeth »Mimi« Smith, Tante von John Lennon, zu ihrem Neffen

Was für ein kolossaler Irrtum von Tante Mimi! Aber auch die Profis in den Plattenfirmen versagten in diesem Fall gründlich und sahen die Welle des Welterfolgs nicht heranrollen, obwohl diese die Geschwindigkeit und die Ausmaße eines Tsunami hatte:

> *»Uns gefällt ihr Sound nicht, und Gitarrenmusik ist ohnehin nicht gefragt.«*
>
> Begründung der Plattenfirma Decca Records zur Ablehnung einer Zusammenarbeit mit den Beatles, 1962

Nein, man entschied sich bei Decca Records stattdessen für Brian Poole & The Tremeloes. Später versuchte die Firma dann, die entstandene Lücke mit den Rolling Stones zu stopfen, was sicher auch zum großen Teil gelang.

Musik ist mittlerweile nicht mehr analog, sondern wird vor allem digital konsumiert. Ein Musikstück ist nichts weiter als eine ziemlich lange Kette von Nullen und Einsen und man kauft es nicht mehr im Plattenladen oder auf einer CD, sondern lädt es online herunter. Dieses Geschäftsmodell hat sich durchgesetzt, doch zwischendurch zweifelte selbst Steve Jobs, der an der Entstehung der digitalen Musikwelt entscheidend mitgearbeitet hatte, an der Richtigkeit einer seiner Entscheidungen:

»Das Abonnement-Modell für den Kauf von Musik ist gescheitert.«

Apple-Chef Steve Jobs am 3. Dezember 2003

Geduld, Steve, hätte man ihm zurufen wollen, es braucht eine Weile, bis so ein iTunes Store richtig gut läuft. Heute funktionieren Dienste wie Spotify und der Apple-eigene Musik-Streaming-Dienst ja durchaus als Abonnement-Modell.

Zu dick und zu teuer – Literatur

»In 100 Jahren wird man sich gerade noch so eben des Huckleberry Finn erinnern.«

Diese falsche Vorhersage von Harry Thurston Peck, seines Zeichens Literaturkritiker, über Samuel Langhorne Clemens, genannt Mark Twain, wird man aus heutiger Sicht milde belächeln. Auch im Bereich des gedruckten Wortes geht es um Einschätzungen und Prognosen. Ein Verleger muss das Projekt seines Autors an einer zukünftigen Wirklichkeit messen und voraussagen, wie gut das Werk beim Publikum ankommen wird. Seine Prognose muss positiv ausfallen, wenn aus einem Manuskript ein Buch entstehen soll.

Und dann gibt es ja noch die mächtige Institution der literarischen Kritik. Sogar renommierte Kritiker zweifelten an der Reputation eines gestandenen Schriftstellers des vorausgegangenen 19. Jahrhunderts – an Charles Dickens:

»Wir glauben nicht, dass sein Ruf sich lange halten wird.«

Saturday Review über Charles Dickens, 1958

Für das Medium Buch als Ganzes unterschieden sich die Prognosen schon in frühen Jahren des 20. Jahrhunderts in eklatanter Weise. Während die einen ganz großartige Neuerungen erwarteten ...

> *»Ein amerikanischer Verleger sieht eine große Verbesserung in der Ausstattung der Bücher voraus. Nach ihm wird man Blätter aus Nickel fabrizieren, die so leicht und dünn sein werden, dass ein einziger Band 30 000 Seiten enthalten wird, die biegsamer, aber auch widerstandsfähiger sein werden als die Papierseiten.«*
>
> *Pressburger Zeitung*, 12. März 1922

.... sahen die anderen schwarz für das Buch, und wenn man die tatsächliche Entwicklung betrachtet, wirkt die Voraussage des französischen Schriftstellers Albert Robida, der bereits am Ende des letzten Jahrhunderts das Ende des Buches prognostizierte, fast schon hellsichtig:

> *»Ich bekenne freimütig, dass ich nicht den geringsten Zweifel hege, die Gutenberg'sche Erfindung als Mittler unserer Denkergüsse könne nicht schon bald außer Gebrauch kommen – die Fortschritte der Elektrizität und der modernen Mechanik untersagen ja nachgerade jegliche Skepsis! Lasst Euch versichern – das Buch wird von allen Bewohnern des Erdballs aufgegeben werden.«*
>
> Albert Robida (1848–1926), in: »Contes pour les bibliophiles«, 1895

Seither sind mehr als 120 Jahre verstrichen, und wir hoffen, dass Robidas Prognose weiterhin nicht in ihrer ganzen negativen Konsequenz in Erfüllung geht.

Genug zum Medium Buch, nun zu den Inhalten. Entscheidend für das Entstehen eines Buchs ist, wie gesagt, die Einschätzung des Verlegers oder Lektors. Was auf seinem Schreibtisch nicht für gut befunden wird oder was in seinen Augen einfach nicht ins Verlagsprogramm passt, wandert in den Papierkorb der Geschichte – könnte man glauben. In manchen Fällen allerdings freut sich ein Konkurrent im Verlagswesen.

Es gibt zu manchem berühmten Werk der Literaturgeschichte auch eine für die beteiligten Buchmenschen unangenehme Vorgeschichte, nämlich eine berühmte Fehleinschätzung. Dabei geht es durchaus nicht immer nur um einzelne kurze Texte oder relativ unbekannte Autoren. Verleger und/oder Lektoren übersahen nämlich epochemachende Werke und spätere Bestseller, obwohl sie alle Möglichkeiten zu einer gründlichen Prüfung der Manuskripte hatten, und dadurch entgingen ihrem jeweiligen Verlag astronomisch hohe Umsätze.

- Johann Georg Fleischer, ein Frankfurter Buchhändler, lehnte Johann Wolfgang von Goethes »Die Mitschuldigen« ab und wurde somit nicht zum Verleger des Dichterfürsten.
- 1821 sendete Heinrich Heine ein Gedichtmanuskript an Albert Brockhaus. Dieser lehnte ab.
- 1893 bot der 17-jährige Rainer Maria Rilke sein Werk der Cotta'schen Buchhandlung an. Abgelehnt.
- 1913 wurde Marcel Prousts Roman »Auf der Suche nach der verlorenen Zeit« von verschiedenen Verlagen abgelehnt. Im Verlag Gallimard war André Gide für die Absage zuständig – später wollte er deshalb am liebsten sterben.

- Erich Maria Remarques Roman »Im Westen nicht Neues« wurde vom Fischer-Verlag abgewiesen. Er erschien im Propyläen Verlag und erreichte über eine Million verkaufter Exemplare.
- Der Doubleday-Verlag/New York wollte Irving Stones Buch »Vincent van Gogh« nicht publizieren. Es erschien 1934 anderen Ortes und verkaufte sich bis heute in etwa 25 Millionen Exemplaren.
- Tolkiens »Der Herr der Ringe« wurde von über 20 deutschen Verlegern abgelehnt. 1969 bei Klett erschienen, erreichte der Roman bis heute eine Auflage von mehr als zehn Millionen.
- Astrid Lindgrens »Pippi Langstrumpf« wurde von vielen Verlegern abgelehnt. Der Verlag Friedrich Oetinger in Hamburg konnte im deutschsprachigen Raum ca. sechs Millionen Pippi-Bände veräußern.
- Der Hanser Verlag und Suhrkamp konnten den Duft des Erfolges nicht wahrnehmen. »Das Parfüm« von Patrick Süskind kam bei Diogenes in 42 Sprachen heraus und erreichte über 15 Millionen verkaufte Exemplare.
- Hanser, Ravensburger und Oetinger lehnten das erfolgreichste Kinderbuch aller Zeiten ab: »Harry Potter«. Man fand es zu dick oder zu teuer. Bei Bertelsmann war der Chef in Urlaub. Der Carlsen Verlag bewies Mut zum finanziellen Risiko – und der Verlag wurde mit Millionenauflagen belohnt.

Alle Angaben zu missglückten Buchprognosen stammen aus dem Buch von Rainer Schmitz, »Was geschah mit Schillers Schädel? Alles, was sie über die Literatur nicht wissen«, Eichborn Verlag, 2006.

Kommunikation

Hätte jemand vor 100 Jahren prognostiziert, dass man eines nahen Tages von einem Acker in Mecklenburg-Vorpommern ganz ohne Kabel zu Hause anrufen können würde, nur um zu konstatieren: »Hallo, ich sitze gerade auf einem Acker irgendwo in Mecklenburg-Vorpommern!« – er wäre für verrückt erklärt und womöglich eingewiesen worden. Die Möglichkeiten der zwischenmenschlichen Kommunikation haben sich in den letzten Jahrzehnten dramatisch verändert – und niemand hat es so vorausgesehen, wie es gekommen ist …

Sprachtrompeten und Eilboten – das Telefon

Ob stationär oder tragbar – das Telefon wurde lange Zeit unterschätzt. Schon das simple Drahttelefon hatte anfangs mit der Fantasielosigkeit seiner möglichen Nutzer zu kämpfen. Ganz am Anfang der Entwicklung bis hin zum heutigen Smartphone stand allerdings eine Vision, die eine fast musikalische Problemlösung bei der Übertragung von Schallwellen als zukünftige Lösung vermutete:

> *»Es gab Sprachtrompeten, welche bei Tag und Nacht, und fast bei jeder Witterung, auf eine Meile deutlich hörbar tönten und durch welche man von Station zu Station melden ließ, was man wollte.«*

Julius von Voß: »Ini. Ein Roman aus dem ein und zwanzigsten Jahrhundert«, Berlin, 1810

Nein, uns wird nicht mit der Sprachtrompete der Marsch geblasen, alles kam ganz anders. Einer der Erfinder unseres heutigen Telefons, nämlich Philipp Reis, hatte relativ moderate Erwartungen, die wohl seinen Zeitgenossen schon ziemlich überzogen vorgekommen sein mögen:

> *»800 bis 1 000 Apparate für das Fernsprechen sind möglich.«*

Philipp Reis bei der Vorstellung seines Fernsprechers am 28. Oktober 1861 in Frankfurt am Main

Es ist nahezu selbstverständlich, dass sein Gerät und dessen Nutzen in einer bisher auf Briefe und Boten angewiesenen Zeit von vielen in Zweifel gezogen wurden. Zum einen wurde die technische Qualität der neuen Erfindung infrage gestellt:

»Dieses Telefon hat zu viele Schwächen, als dass man es ernsthaft für die Kommunikation in Erwägung ziehen kann.«

Aus einem internen Papier der Western Union zum Thema Telefon (1876)

Zum anderen setzte man, wie der Chefingenieur der britischen Post, auf die Dienstleistungen der Eilboten und damit auf die guten, altbewährten Lösungen:

»No, Sir. Die Amerikaner brauchen vielleicht das Telefon, wir aber nicht. Wir haben sehr viele Eilboten.«

Sir William Henry Preece, Chefingenieur
des British General Post Office, 1896

Tatsächlich, dies war die Antwort von Sir William Henry Preece, seit 1892 Chefingenieur der britischen Post, nachdem Graham Bell ihm 1896 die praktische Verwendbarkeit des Telefons demonstriert hatte. Doch zweifelte man nicht nur an der technischen Umsetzung, sondern auch am Interesse der Kunden. Telefonieren? Wer sollte schon telefonieren wollen? Da hatte selbst der US-Präsident seine Zweifel:

»Eine erstaunliche Erfindung. Aber wer sollte sie jemals benutzen wollen?«

US-Präsident Rutherford Birchard Hayes (1822–1893),
Kommentar zum ersten Telefon, 1877

Einen gewissen Nutzen räumte immerhin Werner von Siemens, selbst ein großer Erfinder, der telefonischen Kommunikation ein:

»Das Telefon wird für den Verkehr in Städten und zwischen benachbarten Ortschaften große Dienste leisten. Aber wie es auf ganz kurzen Entfernungen das Sprachrohr nie verdrängen wird, ebenso wenig wird es je für größere Entfernungen den Telegrafen ersetzen können.«

Werner von Siemens, 1878

Sprachrohr ... ach ja. Und wann haben Sie Ihr letztes Telegramm verschickt?

Dabei kann es noch viel mehr, dieses Telefon, besonders dann, wenn man es sich in seiner drahtlosen Variante vorstellt und einen kreativen Weg der Verbindungsherstellung zugrunde legt. So betrachtet, eignete es sich in der Vorstellung des britischen Physikers William Edward Ayrton, dem Mitkonstrukteur eines elektrischen Dreirades (1882), sogar zur generellen Feststellung von biologischen Zuständen: lebendig oder tot?

»(...) da wird das Menschenkind, das mit dem Freund zu sprechen wünscht und nicht weiß, wo er sich befindet, mit elektrischer Stimme rufen, die allein nur jener hört, der das gleichgestimmte elektrische Ohr besitzt. Er wird rufen: ›Wo bist du?‹ und die Antwort wird erklingen in sein Ohr: ›Ich bin in der Tiefe des Bergwerks, auf dem Gipfel der Anden oder auf dem weiten Ozean.‹ Oder vielleicht wird auch keine Stimme antworten, und dann weiß er: Sein Freund ist tot.«

William Edward Ayrton (1847–1908) über das »elektrische Ohr«, 1889

Fast ein Jahrhundert später – das Telefon gehört mittlerweile für viele zu den technischen Selbstverständlichkeiten – gehen die Visionen durchaus in die richtige Richtung, sind allerdings noch mit ein paar Fehlern behaftet:

»Das Radiophon besteht aus zwei Sendern und einem Empfänger. Zur Energiespeisung dienen winzige Nickel-Kadmium-Batterien. Mit unserem Radiophon haben wir gar keine Last. Es besitzt nicht nur das sehr handliche Format, sondern auch das Leichtgewicht von 70 Gramm. (…) Über die Wählscheibe erreichen wir unseren gewünschten Teilnehmer, wenn er sich nicht weiter als 200 km von unserem Standort entfernt befindet.«

Birkel-Sammelalbum »Die Welt von morgen«, neue überarbeitete Auflage, 1962

Wählscheibe … wie man sich doch irren kann.

Eines stünde uns allerdings in der schönen neuen Welt der technikgestützten Kommunikation noch bevor – meinten zumindest einige Experten der Vergangenheit: die Universalsprache. Sie vermuteten nämlich:

»Das Kennzeichen der neuen Menschheit werden die Maschinen sein. Im 21. Jahrhundert ist mit einer entscheidenden Veränderung der Beziehung Mensch – Maschine zu rechnen. Nicht nur, dass die Menschen in einer ganz anderen Weise mit Maschinen vertraut sein werden – es werden auch gänzlich neue Umgangsformen zwischen Mensch und Maschine entstehen.«

Hobby Bücherei, Bd. 15: »Report 1998 – so leben wir in 30 Jahren«, Ehapa-Verlag, 1968, S. 150

Liebesbeziehungen zum Computer? Echte Kameradschaft mit dem Staubsauger? Wie es auch kommt – die Maschinen fordern kommunikativ ihren Tribut:

»In einer vollendeten Maschinen-Welt wird es wahrscheinlich – wenigstens für den allgemeinen Gebrauch –

nur eine einzige Universalsprache geben: dem Charakter der Maschinen angepasst, wenig moduliert, klar, mit ganz eindeutigen Ausdrücken, von mathematischer Logik, unmissverständlich. Daneben mögen die Menschen noch ihre alten Dialekte reden, doch die Universalsprache wird ihr Denken zutiefst beeinflussen. Viele Missverständnisse sind von vornherein ausgeschaltet, für Gefühlsausdrücke wird sie nur wenig Raum haben.«

Hobby Bücherei, Bd. 15: »Report 1998 – so leben wir in 30 Jahren«, Ehapa-Verlag, 1968, S. 151

Postrakete contra Mail – Nachrichten

Menschen können nicht alles mündlich besprechen. Oft benötigt man einen Beleg und häufig zieht es der Absender vor, sein Anliegen wohlüberlegt schriftlich festzuhalten, als es direkt im persönlichen Gespräch oder per Telefon zu kommunizieren. Dazu war in früheren Jahrhunderten der Brief das angesagte Medium, heute ist dieser in Gefahr, von Mail oder Kurznachricht verdrängt zu werden. Ganz und gar bodenständig ging es noch in einer Utopie des in Brandenburg an der Havel geborenen deutschen Schriftstellers Julius von Voß (1768–1832) aus dem 19. Jahrhundert zu:

»Postämter befanden sich in allen Richtungen von Grad zu Grad, und wenn Reisende im Abstand einer Meile, bei Tag mit einer lang flatternden Fahne, bei Nacht mit einem Raketenschein sich meldeten, trafen sie alles bereit.«

Julius von Voß: »Ini. Ein Roman aus dem ein und zwanzigsten Jahrhundert«, Berlin, 1810

Im nächsten Saeculum schienen die Möglichkeiten neuer Technik den Prognostikern zwar gewaltig und nichts schien unmöglich, doch in den 1960er-Jahren ahnte noch niemand etwas von digitaler Kommunikation und viele setzten noch voll auf die gute alte Papierpost, wenn auch in beschleunigter Form:

> *»Sie (die Postrakete) fliegt mit einer Höchstgeschwindigkeit von fünftausend bis sechstausend Kilometer in der Stunde. Das bedeutet, dass Briefe in knapp 2 Stunden den Atlantik überqueren.«*
>
> Birkel-Sammelalbum »Die Welt von morgen«, neue überarbeitete Auflage, 1962

Ähnliches sagten 1970 auch Wissenschaftler des Stanford Research Institutes voraus: Auch sie glaubten an die Rakete. Blitzschnell wurde die Post dann tatsächlich schon ein Jahr später: 1971 programmierte der US-Informatiker Ray Tomlinson das erste E-Mail-Programm. In diesem Zusammenhang schlug er auch den Klammeraffen als Trennzeichen in der Mailadresse vor. Welchen Inhalt seine ersten E-Mails hatten, daran kann sich der Erfinder allerdings nicht mehr erinnern. Wirtschaftlich profitieren konnte Tomlinson nicht von seiner Erfindung. Hätte er nur ein Prozent des eingesparten Briefportos erhalten, so wäre er heute vielfacher Milliardär.

Fest steht: Mit der Zeit wurde die Post auch ohne Raketen um Dimensionen schneller, nicht einmal gefühlte zwei Sekunden benötigt eine E-Mail für den Weg über den Atlantik. Doch es sollte noch eine Weile dauern, bis die elektronische Post im Bewusstsein der Allgemeinheit und vor allem auch in der alltäglichen Kommunikation angekommen war. Zunächst einmal dominierte wieder die Skepsis wie zum Beispiel bei Ian Sharp, dem Begründer des kanadischen IT-Unternehmens I.P. Sharp Associates der 1970er- und 1980er-Jahre.

»Email is a totally unsaleable product."

Ian Sharp, I. P. Sharp Associates, 1979

Später entwickelte diese Firma das leistungsfähige E-Mail-System 666 BOX, das 1987 von der Agentur Reuters übernommen und bis 2005 genutzt wurde. Doch in einem Punkt hatte Ian Sharp recht: Das neue Kommunikationssystem E-Mail funktioniert von Anfang an und bis heute großartig und für den durchschnittlichen Benutzer kostenlos. Allerdings trübt eine kleine, aber ziemlich lästige Sache die Freude an dieser Form der digitalen Kommunikation, die aber ein großer Mann im beginnenden 21. Jahrhundert für uns zu beheben versprach: Microsoft-Gründer und langjähriger CEO der Firma Bill Gates:

»In zwei Jahren wird das Spam-Problem gelöst sein.«

Bill Gates 2004

Nicht einmal Bill Gates konnte das leisten. Heute macht Spam noch immer 90 Prozent des globalen Mailverkehrs aus, und am besten senden Sie liebe Grüße an Bill Gates und leiten alle unerwünschten Nachrichten an ihn weiter, bevor Sie heute Ihren Spam-Ordner leeren.

Die drahtlose Musikbox – Radio, Film und Fernsehen

Sehen oder hören, was anderen Ortes geschieht – noch so ein Wunschbild, das Menschen von Anbeginn begleitet, und ein Wunsch, der in Erfüllung ging. Aber wie es so mit den erfüllten Wünschen geht: Die Vorstellung davon, wie es sein würde, war deutlich besser als das heutige Programm, zumindest des Fernsehens, was aber die Skeptiker der Vergangenheit noch nicht geahnt haben können.

Als Vorgänger des Fernsehens – Töne lassen sich technisch einfacher übertragen als Bilder – erreichte das Radio seine Hörer schon Jahrzehnte früher. Doch in den Anfängen der Technik im 19. Jahrhundert zweifelte einer ihrer Pioniere, der Physiker und Entdecker der nicht sichtbaren elektromagnetischen Wellen Heinrich Hertz (1857–1894), im Jahr 1884 noch an einer Nutzbarkeit seiner Forschungsergebnisse. Als Grundlagenforscher konnte er offenbar den Bogen zwischen Erkenntnis und alltäglicher Anwendung nicht schlagen:

> *»Radiowellen werden nie ernsthaft für Kommunikationszwecke einsetzbar sein.«*
>
> Heinrich Hertz, Entdecker der Radiowellen, 1884

Irrtum, Heinrich Hertz, möchte man ihm zurufen, das funktioniert sehr wohl, wie heute jedes Kind weiß, und auch ein riesiger Ozean stellt kein Hindernis mehr dar:

> *»Radiowellen können den Atlantik nicht überqueren.«*
>
> Henri Poincaré, 1901

Der französische Mathematiker und Astronom Henri Poincaré konnte nicht ahnen, dass einst Satelliten im All genau dies möglich machen würden. Sie reflektieren die Wellen und schicken sie an den gewünschten Ort weiter. Auch andere zweifelten an technischer Machbarkeit und gesellschaftlicher Akzeptanz. Dem späteren Mitbegründer der National Broadcasting Company (NBC) und Mitarbeiter der Radio Corporation of America (RCA), David Sarnoff (1891–1971) wird das folgende Zitat unterstellt:

> *»Die drahtlose Musikbox hat keinen denkbaren kommerziellen Wert. Wer würde für eine Nachricht bezahlen, die zu niemandem direkt gesendet wird?«*
>
> David Sarnoff in den 1920er-Jahren

Dass diese Worte tatsächlich so über seine Lippen gekommen sind, mag man bezweifeln. Doch es gab auch Optimisten in Sachen Radio: Kunstinteressierte Technikfans wie der amerikanische Chemiker und Erfinder Hudson Maxim (1853–1927) glaubten schon früh an eine Verbreitung von Kunst und Kultur durch neue Medien, wobei allerdings die von Maxim präferierte Variante TV plus Telefon nicht der bevorzugte Lösungsweg werden sollte:

> *»Die Stücke, die in London gespielt werden, werden selbst im ewigen Eis der Arktis oder Antarktis mittelst Fernseher und Fernsprecher auf einem Schirm reproduziert werden.«*
>
> Hudson Maxim: »Das 1000jährige Reich der Maschinen«, in: »Die Welt in 100 Jahren«, hrsg. von Arthur Brehmer, 1910, S. 21

Der bereits aus früheren Beiträgen bekannte Lord Kelvin hatte offenbar zu allen technischen Neuerungen seiner Zeit eine mehr oder weniger fachmännische Meinung, und im Falle des Rundfunks war es nicht die qualifizierteste:

> *»Das Radio hat keine Zukunft.«*
>
> Lord Kelvin, Präsident der Royal Society, 1897

Hier lag der Lord leider völlig falsch und befand sich damit in guter Gesellschaft: Die vier Brüder Jack, Samuel, Harry und Albert Warner, Pioniere des Kinos und der Filmproduktion und mit dem Unternehmen Warner Brothers Pictures Inc. seit 1923 die Begründer einer der bedeutenden Produktionsfirmen in Hollywood, nannten Film und Ton zunächst nicht in einem Atemzug – im Gegenteil:

> *»Wer in drei Teufels Namen will schon Schauspieler sprechen hören?«*
>
> H. M. Warner von Warner Brothers im Jahr 1927

Vielleicht nicht sprechen, aber singen? Ob dieses vielfach verbreitete Zitat authentisch ist, darf bezweifelt werden, denn im selben Jahr 1927 produzierten die Warner Bros. den ersten Tonfilm der Geschichte: »The Jazz Singer«.

Als das Radio bereits ein verbreitetes Medium geworden war, dämmerte eine Zukunft der bewegten Bilder herauf, die genau wie zuvor das rein akustische Medium Radio mit allerlei Skepsis und fragwürdigen Mutmaßungen begrüßt wurde. So meinte sogar Lee de Forest (1873–1961), amerikanischer Erfinder grundlegender Technik und dadurch einer der Väter des Elektronikzeitalters:

> *»Auf das Fernsehen sollten wir keine Träume vergeuden, weil es sich einfach nicht finanzieren lässt.«*
>
> Lee de Forest, Erfinder der Dreielektrodenröhre und »Vater des Radios«, 1926

Auch war die Vorstellung von der fernsehenden Familie ein Wunschbild einiger weniger. Die mächtige Presse zweifelte an der Massenkompatibilität des Mediums, so schrieb selbst die berühmte *New York Times* noch 1939:

> *»Dafür hat die amerikanische Durchschnittsfamilie keine Zeit.«*
>
> Die *New York Times* über die erste kommerzielle TV-Sendung, 1939

Ähnlich kritische Stimmen waren in den folgenden Jahren zu hören:

> *»Das Fernsehen hat keine Zukunft. Es ist nur ein Strohfeuer.«*
>
> Mary Somerville, Radiopionierin im Jahre 1948

> *»Das Fernsehen wird sich auf keinem Markt länger als sechs Monate behaupten können. Den Leuten wird es langweilig werden, jeden Abend in so eine kleine Holzkiste zu starren.«*
>
> Darryl F. Zanuck, Chef der Filmgesellschaft 20th Century Fox, 1946

Zwar ist die Kiste nicht mehr aus Holz und auch im eigentlichen Sinne keine Kiste mehr, aber die Leute starren nun seit über 70 Jahren auf die Bilder, und zwar im Durchschnitt 240 Minuten, also vier Stunden – und das jeden Tag.

> *»Wir haben 60 Jahre ohne Fernsehen gelebt, und wir werden auch noch weitere 60 Jahre ohne Fernsehen auskommen.«*
>
> Avery Brundage, Präsident des Internationalen Olympischen Komitees, 1960

Das sagte Avery Brundage, Mitbegründer des IOC, dessen Organisation heute zu einem guten Teil von Fernsehtantiemen lebt. Trotz aller Unkenrufe bezüglich der Akzeptanz verbreitete sich das Fernsehen explosionsartig – und das, obschon massive Zweifel an den technischen Möglichkeiten, wie zum Beispiel dem Satellitenfernsehen, herrschten:

> *»Es gibt praktisch keine Möglichkeit, um Kommunikationssatelliten im Weltall zu verwenden, um bessere Telefon-, Telegraph-, Fernseh- und Radiodienste in den USA zu ermöglichen.«*
>
> Tunis Augustus Macdonough Craven (1893–1972) im Jahr 1961

Sonderlich informiert über die technischen Möglichkeiten und die geplanten Projekte seiner Zeit scheint Tunis Augustus Macdonough Craven, Offizier der US-Navy, von 1935 bis 1937 Chefingenieur und von 1937 bis 1944 Kommissionsmitglied der Federal Communications Commission (FCC), der amerikanischen Zulassungsbehörde für Kommunikationsgeräte, nicht gewesen zu sein. Die UdSSR hatte bereits 1957 einen Satelliten namens Sputnik ins All geschossen, dem 1958 der amerikanische Explorer 1 gefolgt war. Und nur ein Jahr nach Mr Cravens unqualifizierter Voraussage, nämlich am 10. Juli 1962, startete mit Telstar der erste zivile Kommunikationssatellit. Jedoch muss man ihm zugutehalten, dass sich Mr Craven im Alter von 64 Jahren ja bereits seit einiger Zeit aus dem aktiven Dienst zurückgezogen hatte.

Doch nicht nur kritische Stimmen über die technischen Möglichkeiten des Fernsehens gab es in Hülle und Fülle. Mancher überschätzte noch in den 1980er-Jahren vor lauter Begeisterung die televisionäre Zukunft und sah ein alle

Sinne umfassendes Multimediaspektakel in unseren Wohnzimmern voraus:

»Wenn uns im Wohnzimmer vor dem Bildschirm Jasmindüfte entgegenwehen, die ›wilde Frische von Limonen‹ die Haut prickelnd belebt, die wärmende Sonne des Südens bräunend entgegenstrahlt, das Aroma einer frisch gebrühten Tasse Kaffee verführerisch in die Nase steigt, die Bilder auf der Mattscheibe, zum Greifen nahe, plastisch vor den Augen erscheinen und uns eine Probepackung der soeben angepriesenen Ware aus dem Gerät entgegenfällt, spätestens dann werden wir merken, dass das Zeitalter des totalen Fernsehens begonnen hat.«

Adalbert Baltes: »Das totale Fernsehen – SASO heißt das Zauberwort auf der Funkausstellung 1977«, in: »Das neue Universum« Bd. 94, 1977, S. 384

SASO sollte dabei »Space And Smell TV-Outfit« bedeuten und »das Zauberwort auf der Funkausstellung des Jahres 1977 in Berlin« sein. Ultraschall, Multiplex, Modultechnik, Codierung und raffinierte Regeltechnik sollten aus dem Fernseher eine elektronische Wunderkiste werden lassen. Eigentlich schade, dass es so nicht funktioniert hat. Einige der Voraussagen – dreidimensionale Bilder, stereofonischer Ton – trafen ja zu, aber die Sache mit den Gerüchen und den Warenproben war wohl allzu fern jeder technischen Möglichkeit. Und mit einer anderen Voraussage:

»... das Fernsehen von morgen als umfassendes Unterhaltungs- und Informationsmittel, Wort- und Bildspeicher und eine Datenbank für jedermann, die immer abrufbereit ist ...«

… lag Herr Baltes insofern knapp daneben, als er das falsche Medium beschrieb. Er könnte jedoch für sich in Anspruch nehmen, als einer der Ersten die Möglichkeiten des Internets vorausgesehen zu haben.

Die Medien Radio, Fernsehen und Film sind inzwischen fraglos allgegenwärtig, aber die Zweifler haben nicht aufgehört, ihre fragwürdigen Ansichten zu verbreiten, nun aber über die Inhalte. Bei dem epochalen Spielfilm »Vom Winde verweht« nach dem gleichnamigen, bis heute über 30 Millionen Mal verkauften Roman von Margaret Mitchell schätzte Filmstar Gary Cooper als potenzieller Hauptdarsteller dessen Bedeutung, die Möglichkeiten des Stoffs und den Effekt der Hauptrolle auf das eigene Renommee völlig falsch ein:

> *»Ich bin nur froh, dass es Clark Gable ist, der auf die Fresse fällt, und nicht Gary Cooper.«*
>
> Kommentar von Gary Cooper zu seinem Entschluss, die Hauptrolle in »Vom Winde verweht« abzulehnen

Pech gehabt: Das Südstaaten-Drama »Vom Winde verweht« wurde 13-mal für den Oscar 1940 nominiert und erhielt die Auszeichnung in zehn Kategorien. Zehn Oscars, und immerhin war Clark Gable als bester Hauptdarsteller nominiert – ein Misserfolg sieht anders aus. Ach ja, und da wären noch die 3,8 Milliarden Dollar, die der Streifen eingespielt hat …

Ähnlich schief, wenn auch in geringeren Dimensionen, lagen Kim Basinger und ihr Ehemann Alec Baldwin, als sie die Hauptrollen in Stanley Kubricks letzten Film »Eyes Wide Shut« ablehnten. Ihre Begründung:

> *»Niemand geht ins Kino, um ein Ehepaar vögeln zu sehen.«*

Tom Cruise und Nicole Kidman sahen das anders und sprangen gerne ein. Der Film, eine Umsetzung von Arthur Schnitzlers »Traumnovelle«, der 65 Millionen Dollar gekostet hatte, spielte 160 Millionen Dollar ein. Allein in Deutschland lockte er über 840 000 Leute ins Kino.

Oft spielen falsche Einschätzungen des möglichen Erfolges einer Filmproduktion oder die Angst eines Darstellers, sich künstlerisch unter Wert zu verkaufen, eine bedeutende Rolle. Auch möchte niemand neben einem zu guten oder zu schlechten Kollegen agieren – beides schadet womöglich der eigenen Reputation.

In einzelnen Fällen spielten wohl auch überbewertete moralische Bedenken eine Rolle: Doris Day mochte nicht als Mrs Robinson in »Die Reifeprüfung« (1967) über die Leinwände flimmern, obwohl die Dame sogar von Simon & Garfunkel im Soundtrack des Films besungen wurde, denn sie verführte einen jungen Mann, ein Affront gegen die damaligen Moralvorstellungen in den USA. Anne Bancroft übernahm diese Aufgabe und löste sie großartig.

Auch mancher männliche Akteur zierte sich offenbar bei besten Angeboten, wenn auch nicht aus moralischen Bedenken: Für die Rolle des Geheimagenten Ihrer Majestät James Bond 007 waren David Niven, Roger Moore und Cary Grant im Gespräch. Auch Patrick McGoohan wurde gefragt, ob er gegen »Dr. No« (1962) antreten wollte. Er lehnte aber ab und ermöglichte so dem damals noch relativ unbekannten schottischen Schauspieler Sean Connery den Start einer großen Karriere.

Warum wollte Gene Hackman nicht die Hauptrolle des Randle Patrick McMurphy in »Einer flog über das Kuckucksnest« (1975) übernehmen? Wir wissen es nicht. Jack Nicholson kam zum Zuge und meisterte diese Aufgabe mit Bravour. Warum sagte weder Nick Nolte noch Clint Eastwood die Rolle des Superman im gleichnamigen Filmepos von 1978 zu, sodass Christopher Reeve als Clark Kent brillieren konnte?

Als Fledermausheld Batman sollte Kevin Kline 1989 gegen das Böse kämpfen. Er lehnte ab wie auch Pierce Brosnan und Mel Gibson – Michael Keaton musste einspringen. Apropos Batman: Leonardo DiCaprio wollte 1995 in »Batman forever« nicht den Robin geben und reichte die Rolle an Chris O'Donnell weiter.

In manchen Fällen liegt der Grund für eine Absage klar auf der Hand: Eine vertragliche Bindung an eine Produktionsfirma hinderte Jodie Foster daran, die Rolle der Prinzessin Leia im ersten Teil der »Star Wars«-Saga (Episode 4) zu übernehmen. Damit ist sie entschuldigt. Carrie Fisher spielte die Prinzessin, die Rolle des schmuggelnden Piloten Han Solo wurde von Harrison Ford übernommen, nachdem zuvor Al Pacino dankend abgelehnt hatte. Überhaupt war Al Pacino immer ausgesprochen wählerisch mit seinen Zusagen. Die Vielzahl der Rollen, die er hätte übernehmen können, zeigt sein Renommee in der Branche; er ließ im Laufe der Zeit zahlreichen Kollegen Raum für eigene darstellerische Leistungen und lehnte auch exzellente Drehbücher ab – warum auch immer. Harrison Ford brillierte in »Krieg der Sterne – Episode 4« (1977), Dustin Hoffman machte seine Sache in »Kramer gegen Kramer« (1979) oscarreif (bester Hauptdarsteller), Tom Cruise verkörperte den Friedensaktivisten Ron Kovic in »Geboren am 4. Juli« (1989) vollendet und Richard Gere sorgte im Zusammenspiel mit Julia Roberts in »Pretty Woman« (1990) für große Gefühle im Kinosaal – dank der Absagen von Al Pacino.

Manche schauspielerische Aufgabe erfordert in der Drehbuchphase wohl einige Fantasie. Die Darsteller, denen eine solche Rolle angeboten wird, müssen sich vorstellen können, wie sie diese voraussichtlich ausfüllen können. Keine sonderlich hohen Erwartungen an den Erfolg des Films oder ihre eigenen Möglichkeiten hatten die Schauspielerinnen, denen die Rolle der Catherine Tramell in »Basic Instinct« (1992) angeboten wurde. Laut unterschiedlicher Quellen sollen Michelle Pfeiffer, Kim Basinger, Geena Davis, Ellen Barkin, Mariel Hemingway, Meg Ryan und Julia Roberts – und somit fast das ganze weibliche Hollywood – dankend abgelehnt haben. Schließlich bekam Sharon Stone die Rolle der schönen und reichen Schriftstellerin mit dem Eispickel unter dem Bett.

In »Speed« (1994) sollten eigentlich Stephen Baldwin und Halle Berry die wichtigsten Rollen übernehmen. Warum sie ablehnten, ist nicht überliefert. Fest steht, dass am Ende Keanu Reeves als Officer Jack Traven und Sandra Bullock als Annie Porter in dem Bus-Drama vor der Kamera agierten.

Wer den Auserwählten Neo in »Matrix« (1999) untrennbar mit Keanu Reeves verbunden sieht, sollte wissen, dass ursprünglich Will Smith diese Rolle übernehmen sollte. Er verzichtete dankend. Eine weitere tragende und äußerst einprägsame Rolle in der dystopischen Matrix-Welt, die des vielfach replizierten Agenten Smith, wurde ebenfalls mit dem Darsteller zweiter Wahl besetzt, da Favorit Jean Reno sie nicht wollte. Hugo Weaving sprang ein. Und war großartig.

Wer mag sich schon die »Stirb langsam«-Reihe ohne Bruce Willis vorstellen? Fast wäre es so gekommen, denn Richard Gere war die Nummer eins auf der Wunschliste für die Hauptrolle im ersten Film »Stirb langsam« (1988). Richard Gere wiederum profitierte entscheidend von einem Kollegen, der gleich auf mehrere gute Möglichkeiten verzichtete: John Travolta wollte weder für den Film »In der Glut des Südens« (1978) die Hauptrolle übernehmen noch in »American Gigolo« (1980) und auch nicht in »Ein Offizier und Gentleman« (1982) an vorderster Front agieren. Pech für ihn, jeder der Filme war ein großer Erfolg.

Michael Madsen räumte den besten Platz in »Pulp Fiction« (1994) für John Travolta. Madonna machte in »Die fabelhaften Baker-Boys« (1989) Platz für Michelle Pfeiffer, die wiederum nicht in »Das Schweigen der Lämmer« (1991) mitspielen mochte. Dadurch entging ihr ein Oscar für die beste weibliche Hauptrolle, der Jodie Foster überreicht wurde. In der ersten Fortsetzung des finsteren Dramas, dem nicht weniger verstörenden Film »Hannibal« (2001), überließ diese dann allerdings die Rolle der Clarice Starling ihrer Kollegin Julianne Moore.

Wer mag sich »Fluch der Karibik« ohne Johnny Depp mit einem Captain Jack Sparrow vorstellen, der von Hugh Jackman, Jim Carrey, Christopher Walken oder Michael Keaton verkörpert würde? Heath Ledger oder Leonardo DiCaprio als Spider-Man? Will Smith als Django in »Django unchained«? Das alles sollen tatsächlich Optionen gewesen sein, aber offenbar haben in diesen Fällen die Richtigen abgesagt und die jeweils genau passenden Schauspieler die Rolle übernommen.

Ob es nun um Hauptrollen oder den Erfolg eines kompletten Projektes geht: Im Medium Fernsehen fallen die Falschprognosen nicht weniger dramatisch aus.

»Nach sechs Wochen sind wir damit durch.«

Wolfgang Bahro, der Darsteller von Prof. Dr. Hans-Joachim »Jo« Gerner über die RTL Television-Erfolgssoap »Gute Zeiten, schlechte Zeiten«, 1992

»Gute Zeiten, schlechte Zeiten« ist mittlerweile die erfolgreichste deutsche Fernsehserie, erreicht regelmäßig um die 22 Prozent aller Zuschauer und bis 2015 wurden über 5500 Folgen produziert. Ein Produktionsende ist nicht in Sicht – und Wolfgang Bahro spielte auch deutlich länger als sechs Wochen mit.

Politik und Wirtschaft

Über große zukünftige Entwicklungen und die Ziele eines Kollektivs zu spekulieren, ist keine einfache Sache. Eine andere und ebenso schwierige ist es, Voraussagen über die alltäglichen Gepflogenheiten und Gewohnheiten in einer künftigen Gesellschaft zu machen, denn sie werden von Faktoren bestimmt, auf die beamtete Zukunftsforscher und professionelle Prognostiker nicht unbedingt ihr volles Augenmerk richten. Fehlprognosen wie die folgende von dem Architekten und Visionär R. Buckminster Fuller sind daher in beiden Bereichen an der Tagesordnung:

»Bis zum Jahr 2000 wird die Politik einfach verschwinden. Es wird keine politischen Parteien mehr geben.«

R. Buckminster Fuller (1895–1983)

Weltkrieg mit Stöcken und Steinen? – Internationales

Wer einen Krieg führt, muss in gewisser Weise ein Optimist und von der eigenen Stärke überzeugt sein. Dabei kann es sich aber als ausgesprochen schädlich auswirken, wenn man sich über die Schlagkraft der eigenen Truppen im Unklaren ist. Dem großen Feldherrn Napoleon Bonaparte unterlief dieser schwere Fehler, als er sich den Ausgang der anstehenden Schlacht in rosaroten Farben ausmalte:

> *»Bis zum Mittag werden wir die Preußen geschlagen haben.«*
>
> Napoleon Bonaparte kurz vor der Schlacht bei Waterloo, 18. Juni 1815

Es sollte seine letzte Schlacht werden. Die vernichtende Niederlage gegen die alliierten Truppen unter General Wellington und die mit ihnen verbündeten Preußen unter Feldmarschall Blücher kostete über 45 000 Menschen auf beiden Seiten das Leben, beendete Napoleons 100-Tage-Herrschaft und führte zu seiner Abdankung am 22. Juni 1815. Er wurde von den Briten als Kriegsgefangener auf die Insel St. Helena gebracht, wo er am 5. Mai 1821 starb.

Die maßlose Überschätzung der eigenen Kräfte war in der Vergangenheit und ist bis in die Gegenwart allgemein ein häufig auftretendes Problem unter Menschen, die zukünftige Entwicklung vorherzusagen versuchen und dabei den Mund zu voll nehmen. Offenbar scheint diese charakterliche Schwäche in den menschlichen Genen angelegt zu sein:

> *»Erst im Jahre 2009 ist die gelbe Rasse zu der Erkenntnis gekommen, daß infolge der aeronautischen Ueberlegen-*

heit der weißen Rasse jeder Widerstand künftig vergeblich sei.«

Rudolf Martin: »Der Krieg in 100 Jahren«,
in: »Die Welt in 100 Jahren«, hrsg. von Arthur Brehmer, 1910, S. 76

Die »gelbe Rasse« dachte 2009 auch nicht im Entferntesten daran, sich wegen irgendeiner Luftüberlegenheit der »weißen Rasse« vorauseilend zu unterwerfen. Im Gegenteil, das Dominanzstreben der »Gelben« kam erst richtig in Fahrt.

Im Jahr 1934, also etwa 25 Jahre später, unterschätzte der britische Premier David Lloyd George die Kräfte seines späteren Gegners Deutschland. Mit einem Diktator wie Adolf Hitler an der Macht war dies ein gefährlicher Irrtum:

»Glauben Sie mir, Deutschland ist unfähig, einen Krieg zu führen.«

David Lloyd George, ehemaliger britischer Premierminister, 1934,
zitiert nach *Newsweek* vom 27. Januar 1997

Der Zweite Weltkrieg von 1939 bis 1945, durch Hitlers aggressive Eroberungspolitik provoziert, kostete 65 Millionen Menschen das Leben und legte die halbe Welt in Schutt und Asche. Allein in Russland starben 27 Millionen Soldaten und Zivilisten, das mit Deutschland verbündete Japan verursachte 13,5 Millionen chinesische Opfer. Was lernt man aus dieser kollektiven Katastrophe? Vermutlich nichts, denn bereits 1971 prognostizierte man:

»Ein Atomkrieg kann die Entwicklung allenfalls bremsen, kaum aber für immer stoppen. Aus der Atomasche wird wieder eine neue Zivilisation entstehen.«

Ulrich Schippke: »Die 7 Weltwunder von morgen«,
Bertelsmann, Gütersloh, 1971, S. 13

Ein Mensch mit etwas mehr Hellsicht, der große theoretische Physiker und Vater der Relativitätstheorie Albert Einstein, meinte dazu in kulturpessimistischer Weltsicht:

»Ich bin nicht sicher, mit welchen Waffen der dritte Weltkrieg ausgetragen wird, aber im vierten Weltkrieg werden sie mit Stöcken und Steinen kämpfen.«

Albert Einstein

Gut möglich, dass er letztendlich recht behalten wird, denn schon in den 1960er-Jahren plante man anderer Stelle in dieser Hinsicht den großen Rundumschlag: Herman Kahn, Chef-Zukunftsforscher und für die RAND Corporation tätig, schlug vor, das Gleichgewicht des Schreckens auf die Spitze zu treiben. Mitten im Kalten Krieg und angesichts der Kubakrise ohnehin schon am Rande eines Atomkrieges, ängstigte er 1963 die Welt mit seiner Doomsday Machine, einer computergesteuerten Weltuntergangsmaschine, die unseren Planeten selbsttätig komplett zerstören sollte, falls ein Angreifer es schaffen sollte, die Vereinigten Staaten oder ihre Verbündeten zum Beispiel mithilfe von Atomwaffen ernsthaft zu gefährden. Sie würde damit das feige Zurückweichen vor einem Aggressor unmöglich machen. Glücklicherweise wurde eine solche Monsterwaffe niemals realisiert – hoffen wir zumindest …

»Wir könnten beispielsweise erklären: Seht her, die Maschine ist an einen Computer angeschlossen, der seinerseits mit elektronischen Spürgeräten aller Art verbunden ist. Das Elektronenhirn ist folgendermaßen programmiert: Wenn die Sowjets oder irgendeine andere Macht eine der folgenden Aktionen unternimmt – sagen wir: fünf Bomben auf die USA, Wegnahme Berlins, Beleidi-

gung unseres Botschafters in Laos oder was immer wir auf diese Liste schreiben wollen –, passiert es. Die Liste muß detailliert und mit fürchterlicher Klarheit abgefaßt sein. Alles Übrige geht automatisch: Sobald der Computer die Verletzung eines der Gebote registriert, sprengt er die Erde in die Luft. Aber man muß sich darüber keine Sorgen machen, denn niemand wird es wagen, die Gebote zu verletzen.«

Herman Kahn über die Doomsday Machine, zitiert nach »Duell im Dunkel«, *DER SPIEGEL*, 15/1967

Kahns destruktive Idee beflügelte vermutlich Stanley Kubrick zu seiner finsteren Komödie »Dr. Strangelove or: How I Learned to Stop Worrying and Love the Bomb« (»Dr. Seltsam oder: Wie ich lernte, die Bombe zu lieben«) von 1964.

Eine andere Gefahr für Leib und Leben vieler – den Terrorismus – schätzte der Regierungsmitarbeiter Larry C. Johnson in den Vereinigten Staaten zu 100 Prozent falsch ein:

»Man glaubt wahrscheinlich, dass die Vereinigten Staaten das beliebteste Ziel der Terroristen sind. Und man hat zweifellos den Eindruck, dass extremistische islamische Gruppen die größte terroristische Bedrohung darstellen ... Keine dieser Überzeugungen basiert auf Tatsachen. Der Terrorismus ist nicht besiegt, aber in einer Welt, in der Tausende von nuklearen Sprengköpfen auf Ziele auf allen Kontinenten ausgerichtet sind, ist der Terrorismus nicht die größte Herausforderung für die Sicherheit der Vereinigten Staaten, und er sollte nicht auf diese Weise dargestellt werden.«

Larry C. Johnson: »The Declining Terrorist Threat«, *New York Times* vom 10. Juli 2001

Nur kurze Zeit später, am 11. September 2001, schlugen die von Al-Kaida-Terroristen entführten Verkehrsflugzeuge in die Türme des World Trade Center und das Pentagon ein, über 3 000 Menschen starben. Und es sollten leider nicht die letzten Terroranschläge bleiben. Allein 2014 verloren weltweit mehr als 32 600 Menschen ihr Leben durch terroristische Aktionen.

Alle sind Sieger – Wahlkampf

Demokratie ist ein erheblicher Fortschritt in der Entwicklung der menschlichen Gesellschaft. Was die alten Griechen begannen, wurde über Jahrhunderte und Jahrtausende fortgeführt und weiterentwickelt, aus einer Herrschaft weniger wurde das Mandat des Volkes, und über die Art und Weise der Mitwirkung des einzelnen Bürgers entstanden gewagte Hypothesen:

> *»(...) wenn man über das Fernmeldeamt, an das bis 1990 in den Industriestaaten jede Wohnung angeschlossen sein wird, auch gleich die demokratischen Wahlen durchführen kann. Volksabstimmungen über neue Gesetze und Projekte sind in dem Augenblick nur noch eine Kleinigkeit: nach einer ausgiebigen Fernsehdiskussion drückt jeder Stimmberechtigte zuhause auf eine der beiden Tasten Dafür oder Dagegen. Die Leitung führen direkt zum Computer. Minuten später verkündet er das Wahlergebnis.«*

Hobby Bücherei Bd. 15: »Report 1998 – so leben wir in 30 Jahren«,
Bildunterschrift auf S. 9 von 3, Ehapa-Verlag 1968

Das wäre doch mal direkte Demokratie: Alle stimmen zeitgleich ab und das Ergebnis steht schon Minuten später fest.

Was würden die Kandidaten darum geben, wenn es so abliefe? Stattdessen haben im Zeitraum zwischen Stimmabgabe und offiziellem Ergebnis der Auszählung Hochrechnungen und Prognosen Konjunktur, und wer sich dazu berufen fühlt, tut seine eigene, persönliche Einschätzung der Lage kund. Mancher redet sich dabei um Kopf und Kragen. Diese Dame allerdings nicht – Margaret atcher, die spätere Premierministerin des Vereinigten Königreichs von 1979 bis 1990, sah sich zunächst keineswegs als Kandidatin oder gar Amtsinhaberin und zweifelte allgemein an den Möglichkeiten des eigenen Geschlechts:

> *»Es wird noch viele Jahre dauern – und dies nicht zu meiner Lebzeit – bevor eine Frau britischer Premierminister wird.«*
>
> Margaret Thatcher (1925–2013), 1973

Edmund Stoiber war weniger bescheiden – er überschätzte seine Chancen als Kanzlerkandidat und die seiner Partei angesichts noch ziemlich frühzeitiger ARD-Hochrechnungen:

> *»Eines steht jetzt schon fest: Die CDU, die CSU, die Union, wir haben die Wahl gewonnen. CDU/CSU, liebe Freunde, die große Partei der Mitte, sie ist wieder da. Sie ist die stärkste Partei, die stärkste Fraktion und wir werden, meine sehr verehrten Damen und Herren, aus diesem großartigen Ergebnis auch das machen, was wir machen können.«*
>
> Edmund Stoiber, Kanzlerkandidat am 22. September 2002,
> dem Abend des erneuten rot-grünen Wahlsiegs

Das großartige Ergebnis: SPD 38,5 Prozent, CDU/CSU 38,5 Prozent, Grüne 8,6 Prozent, FDP 7,4 Prozent – ein knapper Wahlsieg für die rot-grüne Koalition. Doch genau diese, vertreten durch den amtierenden Bundeskanzler, begab sich mit kurzfristigen Vorhersagen genauso aufs Glatteis. Nach vorzeitiger Auflösung des Bundestags im Jahr 2005 und Neuwahlen meinte Gerhard Schröder:

> *»Glauben Sie im Ernst, dass meine Partei auf ein Gesprächsangebot von Frau Merkel in dieser Sachlage eingeht, in dem sie sagt, sie möchte Kanzlerin werden? Also ich meine, wir müssen die Kirche doch mal im Dorf lassen. Die Deutschen haben doch in der Kandidatenfrage eindeutig votiert. Das kann man doch nicht ernsthaft bestreiten.«*
>
> Gerhard Schröder, Bundeskanzler a. D., am Abend seiner Wahlniederlage am 18. September 2005

Handelte es sich hier um Größenwahn oder einfach nur eine komplette Fehleinschätzung der politischen Möglichkeiten? Wie wir wissen, hatte die Bundestagswahl 2005 eine Große Koalition unter Führung von Angela Merkel zur Folge.

Schon bei der Auswahl der Kandidaten für die Präsidentschaft kam es 2006 in den Vereinigten Staaten zu einer deutlichen Falschbewertung der konkurrierenden Kandidaten der Demokratischen Partei:

> *»Sollte Hillary Clinton im Wahlkampf gegen John Edwards und Barack Obama antreten, wird sie die Kandidatin der Demokraten. Al Gore wäre dann die einzige Bedrohung für sie. Barack Obama wird Hillary Clinton in keiner einzigen Vorwahl der Demokraten schlagen.«*
>
> TV-Moderator William Kristol in »Fox News Sunday« am 17. Dezember 2006, zitiert nach *Spiegel Online*

Wie ist er dann bloß Präsident geworden?

Kalter Kaffee im Kalten Krieg – Außenpolitik

Als die großen politischen Blöcke noch existierten und Kapitalismus und Kommunismus sich im Kalten Krieg als Feinde gegenüberstanden, waren lautstarke Vorhersagen und Zukunftsprognosen an der Tagesordnung – etliche davon erwiesen sich, salopp gesagt, als kalter Kaffee. Hätten die damaligen Akteure geahnt, wie falsch sie lagen, vielleicht hätten sie den Mund gehalten …

»In den nächsten 15 Jahren werden wir die USA in der Produktion einholen und überholen, und das gilt auch für den Lebensstandard des sowjetischen Volkes.«

Nikita Sergejewitsch Chruschtschow, 1957

Damit hätte die UdSSR spätestens 1972 die führende Wirtschaftsmacht der Erde sein sollen. Verwunderlich ist allerdings, dass Leonid Breschnew in diesem Jahr für eine Milliarde Dollar Weizen in den USA kaufen musste, denn der Kreml konnte seine Bürger nicht ohne Hilfe von außen ernähren, obwohl achtmal so viele Landarbeiter wie in den USA auf den Feldern werkelten.

Die ostdeutschen Trabanten der UdSSR hatten schon 1949 große Töne gespuckt:

»Die Sozialistische Einheitspartei Deutschlands wird zur führenden Partei in ganz Deutschland werden, weil der Tag kommen wird, an dem die große Mehrheit aller Deutschen es so will.«

Walter Ulbricht, Parteifunktionär der SED, 1949

In diesem Punkte irrte Walter Ulbricht. Eine bewusste Lüge hingegen wird ihm mancher Kritiker bezüglich seiner Äußerung zum Bau einer Mauer zwischen Ost- und Westdeutschland unterstellen, meinte doch Walter Ulbricht, unterdessen Staatsratsvorsitzender der DDR, am 15. Juni 1961 auf die Frage einer Journalistin von der *Frankfurter Rundschau*:

> *»Mir ist nicht bekannt, dass [eine] solche Absicht besteht, da sich die Bauarbeiter in der Hauptstadt hauptsächlich mit Wohnungsbau beschäftigen und ihre Arbeitskraft dafür voll ausgenutzt wird, voll eingesetzt wird. Niemand hat die Absicht, eine Mauer zu errichten.«*
>
> Walter Ulbricht am 15. Juni 1961

Am 13. August 1961 begannen die Arbeiten zum Mauerbau in Berlin und die Berliner Mauer sollte nach dem Willen der sozialistischen Machthaber ein ausgesprochen langlebiger »sozialistischer Schutzwall« bleiben, wie Ulbrichts Nachfolger im Amte, Erich Honecker, meinte:

> *»Die Mauer wird in fünfzig und auch in hundert Jahren noch bestehen bleiben, wenn die dazu vorhandenen Gründe noch nicht beseitigt sind.«*
>
> Erich Honecker am 19. Januar 1989

Er konnte nicht wissen, dass das Verfallsdatum des großen sozialistischen Bauwerks mit Riesenschritten näher rückte: Am 3. Oktober 1990 ging das Staatsgebiet der DDR in der Bundesrepublik Deutschland auf. Dass der wahre Grund für die Mauer – die Existenz der DDR – so bald enden würde, hatte Honecker sicher nicht erwartet. Dieses Honecker-Zitat wird oft um den letzten Halbsatz gekürzt, weil es dann apodiktischer und sensationeller klingt. Überhaupt waren Erich Honecker und die Seinen in Zeiten des realsozialistischen Deutschlands eine nicht versiegende Quelle gewagter Vorhersagen:

> *»Zwischen der sozialistischen DDR und der imperialistischen BRD gibt es keine Einheit und wird es keine Einheit geben. Das ist so sicher und so klar wie die Tatsache, dass der Regen zur Erde fällt …«*

Erich Honecker, 1981

> *»Wie die Sowjetunion, die uns befreit hat, wie die Volksrepublik China, die in diesen Tagen ebenfalls ihr 40. Gründungsjubiläum beging, wie Volkspolen und die ČSSR, wie die anderen sozialistischen Länder wird die DDR die Schwelle zum Jahr 2000 mit der Gewissheit überschreiten, dass dem Sozialismus die Zukunft gehört.«*

Der Generalsekretär des ZK der SED und Vorsitzende des Staatsrats der DDR Erich Honecker auf der Festveranstaltung zum 40. Jahrestag der Gründung der DDR in Ostberlin, *Neues Deutschland*, 6. Oktober 1989

Nicht nur, dass die Front der sozialistischen Staaten bis zum Jahr 2000 erheblich bröckelte – Honeckers DDR gab es zu diesem Zeitpunkt gar nicht mehr. In den 1980er-Jahren sah man die Möglichkeiten einer Wiedervereinigung auf westdeutscher Seite wohl ähnlich wie der Staatsratsvorsitzende:

> *»Eine Wiedervereinigung der Art, dass einer der beiden deutschen Staaten verschwände und in den anderen aufginge, kann man sich gerade noch ausmalen. Freilich würde das Krieg voraussetzen, und eine Wiedervereinigung dieser Art könnte wohl unter heutigen Bedingungen nur noch im Massengrab stattfinden. Aber eine Wiedervereinigung, in der beide deutsche Staaten, so wie sie nun einmal sind und geworden sind, zu einem funktionierenden*

Staat verschmolzen würden, ist nicht vorstellbar, nicht einmal theoretisch.«

Sebastian Haffner, Publizist und Historiker, 1987

Die DDR sah sich selbst als glänzenden Staat. Um schon die Kleinsten von einer strahlenden Zukunft zu überzeugen, wurden sogar sie ideologisch bearbeitet. So beschrieb Karl Ewald Böhm (1913–1977), Schriftsteller und Leiter der Hauptverwaltung Verlagswesen beim Ministerium für Kultur, der Zensurbehörde der DDR, in einem von ihm verfassten Kinderbuch von 1974 die Verbesserung der Arbeitsbedingungen im Arbeiter- und Bauernstaat folgendermaßen:

»Als weittragendster Zug der Rationalisierung wird die sozialistische Automatisierung die Ergiebigkeit der menschlichen Arbeit in ungeahnte Höhen heben helfen. So wird sie wesentlich dazu beitragen, dass die sozialistische Gesellschaft durch ihre Arbeit immer reicher und schöner leben wird.«

Karl Ewald Böhm: »Schauplatz Zukunft«,
Der Kinderbuchverlag Berlin 1974, S. 66

Viel Zukunft blieb allerdings nicht. Noch kurz vor der Wiedervereinigung meinte der damalige DDR-Staatsratsvorsitzende Egon Krenz:

»Es wird in unserer Deutschen Demokratischen Republik keinen anderen Sozialismus geben als den, den wir gemeinsam mit allen schaffen und verteidigen.«

Egon Krenz, 1989

Damit erreichte er die Vorhersagequalität des bereits zitierten Orakels von Delphi. Gemeinsam mit allen schaffen und verteidigen – viel Lust hatten die Genossen in Deutschland Ost dazu wohl nicht. Die freiheitlich-demokratische Hälfte in Westdeutschland schien zu diesem Zeitpunkt jedoch ebenfalls nicht sonderlich interessiert an einer nationalen Vereinigung zu sein. Politiker auf der kapitalistischen Seite taten knapp ein Jahr vor der Wiedervereinigung alles andere, als die große nationale Sache zu unterstützen:

> *»Nach 40 Jahren Bundesrepublik sollte man eine neue Generation in Deutschland nicht über die Chancen einer Wiedervereinigung belügen. Es gibt sie nicht.«*
>
> Gerhard Schröder, Bundeskanzler, in einer Rede am 10. Juni 1989

> *»Wir sollten das Wiedervereinigungsgebot aus der Präambel des Grundgesetzes streichen.«*
>
> Joseph Martin »Joschka« Fischer, Juli 1989

> *»Lasst uns um Gottes willen aufhören, von der Einheit zu träumen und zu schwätzen.«*
>
> Egon Bahr, 1989

> *»Wir wissen, dass die Überwindung der Teilung Deutschlands in naher Zukunft nicht zu erwarten ist, weil auch die Teilung Europas noch andauert.«*
>
> Dorothee Wilms, CDU-Bundesministerin für innerdeutsche Beziehungen, im September 1989

> *»Die deutsche Frage steht derzeit als akute Frage der Wiedervereinigung ... nicht auf der weltpolitischen Tagesordnung. Diejenigen, die derzeit von Wiedervereinigung daherreden, haben ... keine vernünftige realitätsnahe Perspektive.«*
>
> Hans Eichel, im SPD-Organ »Wir Hessen«, im November 1989

Offenbar glaubte nur ein einziger, etwas übergewichtiger Herr in leitender Position an ein gutes Ende für ein gereinigtes Deutschland, das am 3. Oktober 1990 Wirklichkeit wurde: Helmut Kohl.

Bärtige Weiber – die Emanzipation der Frau

Ähnlich wie die Blockbildung im politischen Bereich brachte auch der ewige Kampf der Geschlechter eine Menge sprachlicher Scharmützel hervor, was zukünftige Rollenbilder betraf. Behauptungen und Wunschvorstellungen, oftmals aus dem finsteren Kabinett des ewigen Machos, sahen die Frauen dort, wo es für die Männer bequem war. Hatten sie irgendeinen Wahrheitsgehalt? Wohl eher im Gegenteil: Testosteron scheint den klaren Verstand einzutrüben. Wie konnte es sonst zu derartigen Einschätzungen kommen?

> *»Je mehr die Frau auf das Tätigkeitsgebiet des Mannes übergreift, je vielseitiger sie sich im öffentlichen Leben betätigt (…), desto rascher wird die Frau dem Manne nachkommen und aus gleichen Gründen auch stärkeren Bartwuchses teilhaftig werden. Heute sollen schon 10 % der Frauen stärkeren Bartwuchs zeigen; dieser Prozentsatz wird sich konsequent steigern und in freilich noch sehr ferner Zukunft wird der Bart nicht mehr das Attribut des Mannes sein.«*

Zeitschrift *Das neue Jahrhundert*,
zitiert nach Georg Ruppelt; »Zukünfte von gestern«, 1900

Haare auf den Zähnen: ja, aber Bartwuchs? In diesem umkämpften zwischenmenschlichen Bereich entstehen bemerkenswerte Aussagen häufig aus dem Wunsch nach Beharrung. Es ist doch alles gut, wie es ist! Davon ging man offenbar in den Vereinigten Staaten des frühen 20. Jahrhunderts aus:

> *»Vernünftige und verantwortungsbewusste Frauen wollen gar nicht wählen.«*
>
> Grover Cleveland, US-Präsident, 1905

Mit dem wissenschaftlichen und technischen Fortschritt kam nicht automatisch eine neue Sicht der Geschlechterverhältnisse, wie man meinen könnte. Die Hausfrau und Mutter war der männlichen Fraktion modern genug. Selbst Sternenreisende hatten zunächst ein alles andere als fortschrittliches Frauenbild, sahen die Herren Astronauten doch weibliche Begleitung eher als Unterhaltungsfaktor denn als gleichberechtigte Teammitglieder:

> *»Natürlich«*, meinte der Wissenschaftler (gemeint ist der amerikanische Astronom I. M. Levitt vom Franklin Institute Philadelphia), *»wenn wir auswandern, werden wir darauf bestehen, dass auch ein paar Mädchen uns auf den Mond begleiten. Aber wenn wir dort ankommen, werden wir auch in der Lage sein, ihnen alles anzufertigen, ihre Lippenstifte, ihre Parfüms, ihre Nagellacke – na, Sie wissen schon.«*
>
> Ulrich Schippke: »Die Zukunft – Das Bild der Welt von morgen«, Gütersloh 1974, S. 143

Welche Aufgaben die Damen dann wohl auf dem Mond übernehmen sollten? Na, Sie wissen schon ...

Der Anfang vom Ende – die Bankenkrise

Mit Geld umzugehen ist nicht einfach. Geld richtig anzulegen gehört zu den Herausforderungen, die Weitblick und ein gewisses Verständnis für zukünftige Entwicklungen voraussetzen. Wer an der Börse spekulieren will, braucht Perspektiven, und die erhoffen sich solvente Anleger vor allem von Experten. Doch hier liegt das Problem: Sie kennen die Sache mit den Affen? Zahlreiche Untersuchungen haben festgestellt, dass Schimpansen – mit ihnen nutzte man das Zufallsprinzip – in punkto Börsengewinn den Menschen (auch solchen, die sich für Finanzexperten halten) deutlich überlegen sind. So hat zum Beispiel 2001 ein Affe namens Johnny beim Handel mit Aktien die Börsenexperten deutlich hinter sich gelassen. In Russland verwaltete nach Angaben der britischen Tageszeitung *Daily Mail* ein Schimpanse namens Lusha ein Portfolio in Höhe von einer Million Rubel und verdreifachte dieses innerhalb von einem Jahr – ein besseres Ergebnis, als es 94 Prozent der russischen Vermögensverwalter erzielten. Da fragt man sich doch, warum Menschen in diesem Bereich überhaupt noch Prognosen wagen. Und doch ist es so: Börsenexperten gibt es gleich im Dutzend. Hier der Klassiker einer falschen Prognose:

> *»Es sieht danach aus, dass die Aktienmärkte ein dauerhaft hohes Niveau erreicht haben.«*
>
> Irving Fisher, Ökonomieprofessor, am 17. Oktober 1929 – der 25. Oktober 1929 war der »Schwarze Freitag«

Nun ja, er hatte ja recht – wenn man eine Zeitspanne von acht Tagen als »dauerhaft« bezeichnen will. Modernere Krisen brachten nicht nur Pleiten von epischen Ausmaßen, sondern auch schöne Fehlprognosen hervor. So verdanken wir der Krise 2007/2008, hauptsächlich verursacht durch eine amerikanische Immobilienblase, diese schöne Aussage:

> *»Es gibt Kreditprobleme, aber sie sind begrenzt.«*
>
> US-Finanzminister Henry Paulson im März 2007

Nur keinen Aufruhr an der Börse, besser leugnen, beschwichtigen, alle warnenden Stimmen diskreditieren – eine bewährte Methode, die gern auch die Presse aufgreift:

> *»Jeder, der sagt, wir sind in einer Rezession oder schlittern gerade in die schlimmste seit der Großen Depression – erfindet seine eigene private Definition einer Rezession.«*
>
> Donald Luskin am 14. September 2008 in der *Washington Post*

Der amerikanische Ökonom Luskin verstieg sich zu dieser Behauptung einen Tag bevor die Bank Lehman Brothers Insolvenz anmeldete; gehässige Zeitgenossen bedachten ihn für diese intellektuelle Leistung mit dem Titel »Stupidest Man Alive«. Auf der anderen Seite des Atlantiks versuchte man es ebenfalls mit Verharmlosungen und Beschwörungsformeln. Diesmal sogar von politischer Seite:

> *»Uns liegen überhaupt keine Anzeichen dafür vor, dass sich zusätzliche Belastungen für die deutsche Wirtschaft ergeben. Die Bundesregierung sieht momentan nicht die Notwendigkeit eines staatlichen Eingreifens.«*
>
> Peer Steinbrück, Bundesfinanzminister, laut einem Sprecher am 19. März 2008 über die Weltwirtschaftskrise 2007/2008

Sechs Monate später schätzte Steinbrück die Sache zwar etwas anders ein, sah die Lage aber immer noch nicht als sonderlich gefährlich für die deutsche Ökonomie an:

> *»Obwohl diese Finanzmarktkrise zweifellos das größte konjunkturelle Risiko auch für die deutsche Volkswirtschaft darstellt, halte ich die möglichen Auswirkungen auf uns nach Erkundigungen und Gesprächen mit dem Bundesbankpräsidenten für begrenzt.«*
>
> Peer Steinbrück, Bundesfinanzminister, zum Auftakt der Haushaltsdebatte 2009 am 16. September 2008 im Bundestag

Auch die Herren Bankmanager versuchten, die Krise, deren späte Auswirkungen bis heute nachwirken, mit Worten einzudämmen:

> *»Auch wenn man vor Überraschungen nie ganz sicher sein kann, gibt es sehr wohl gute Gründe, davon auszugehen, dass die Märkte wieder in ruhigeres Fahrwasser kommen.«*
>
> Klaus-Peter Müller, Commerzbank-Chef, am 5. September 2007

> *»Ich meine, dass wir am Beginn des Endes der Krise sind.«*
>
> Josef Ackermann, Deutsche-Bank-Chef, am 29. Mai 2008 in der *Süddeutschen Zeitung*

Im Oktober 2008 stürzten Islands Banken in die Pleite, andere europäische Banken überlebten nur durch massive staatliche Subventionen oder gar durch Verstaatlichung. Das hinderte jedoch den US-Finanzminister Paulson 2008 nicht an folgendem Statement:

»Ich glaube, dass sich das Bankensystem stabilisiert hat. Niemand fragt sich mehr, ob eine große Bank scheitern könnte und wir machtlos dagegen sind.«

Henry Paulson, US-Finanzminister, im »National Public Radio« am 13. November 2008, zitiert nach *Spiegel Online*

Wie es in Deutschland weiterging, wissen wir ja. HSH Nordbank, WestLB und Hypo Real Estate (beide Letzteren in staatliche Bad Banks umgewandelt) und so weiter. Insgesamt hat die Rettung maroder Banken den deutschen Steuerzahler von 2008 bis 2015 die runde Summe von 236 Milliarden Euro gekostet, wie die Deutsche Bundesbank am 23. Juni 2015 bekannt gab.

Medizin

Kommt das Goldene Zeitalter des ewig jungen Menschen? Werden wir den Lebensraum Erde nicht nur retten, sondern optimieren, in einem Paradies der Gesundheit leben und all unsere Krankheiten heilen können? Oder werden wird kläglich (oder auch grandios) scheitern? Nicht einmal über die Erreger manchen Übels waren sich unsere Vorväter einig. Auch was heilsam und was schädlich ist, mussten wir erst durch bittere Erfahrung lernen. Wer kann schon sagen, wie unsere Zukunft der Gesundheit aussehen wird? Versucht wird es dennoch immer wieder – mit mäßigem Erfolg.

Gesund durch Radium – moderne Menschen und die Medizin

Wie behandelt man Gelbsucht? Ein Rezept aus dem 19. Jahrhundert, also aus nicht einmal sehr ferner Vergangenheit: Der Gelbsüchtige muss über ein Stück Holz pinkeln, das von einem Baum stammt, den der Blitz getroffen hat. Eine Wirksamkeitsstudie dürfte sich erübrigen. Schlimmer noch: Fragwürdige Doktoren und Wunderheiler quälten die Kranken über Jahrhunderte mit Aderlassen, Einläufen und Blutegeln, praktizierten Behandlungen mit Quecksilber und andere Rosskuren, die manchen Patienten mehr schädigten als die zugrunde liegende Krankheit – die Geschichte der Medizin steckt voller Irrungen und Wirrungen. Die allermeisten davon sind im Nebel der Zeit verschwunden. Hier finden Sie aber noch einige, die schriftlich überliefert blieben:

> *»Es besteht gar kein Zweifel darüber, dass wir zu der Annahme berechtigt sind, die Zukunft werde dem Radium ein Zeitalter völliger Krankheitslosigkeit danken. Noch seltsamer als alle diese Wunderkuren muss uns die sichere Aussicht erscheinen, dass auch das Alter künftighin seinen Einfluss auf unseren Organismus verlieren und dass es kein Altern mehr geben wird. Die kommenden Geschlechter werden ewig junge Menschen hervorbringen, Menschen voll physischer Kraft und voll Schönheit, Menschen, die vom Kranksein nichts wissen und alle Berichte über Krankheiten und Seuchen als seltsame Märchen aus einer fernen, fernen, vergessenen Welt betrachten werden.«*

Everard Hustler: »Das Jahrhundert des Radiums«, in: »Die Welt in 100 Jahren«, hrsg. von Arthur Brehmer, 1910

Ernsthafte Erkenntnisse und tatsächlich wirksame Heilverfahren hatten es in einer Welt des faulen medizinischen Zaubers schwer. Selbst die Fachleute tappten auf erschreckende Weise im Dunkeln:

»Bakterien sind Hirngespinste.«

Rudolf L. Virchow, Berlin 1870

Die folgende Behauptung tauchte schon an anderer Stelle in diesem Buch auf:

»Louis Pasteurs Theorie von Bazillen ist lächerliche Fiktion.«

Pierre Pachet, Professor der Physiologie in Toulouse, 1872

Gut, werden Sie vielleicht sagen, so sah man das in ferner Vergangenheit. Auch im nächsten Jahrhundert, immerhin fast 60 Jahre später, reagierte die Fachwelt alles andere als erfreut auf innovative Vorschläge und Verfahren im Bereich der Medizin. Operationen am Herzen – alles Unsinn!

»Herzkatheter sind Scharlatanerie.«

John F. Forssmann, Lund, 1930

Massive Fehleinschätzungen waren auch im 20. Jahrhundert noch an der Tagesordnung, besonders natürlich, wenn Lobbyisten ihre Finger im Spiel hatten. Da spielten dann sogar schon mal Ärzte in die Hände der Zigarettenindustrie:

»Bei den meisten Menschen fördert das Rauchen die Gesundheit.«

Dr. Ian Macdonald, Chirurg, *Newsweek*, 18. November 1963

Eine Zeit, die das Rauchen für gesund erklärte, konnte für das Zukunftsjahr 2000 auch eine allgemeine Immunisierung gegen Bakterien- und Virenerkrankungen (durch Interferon) für möglich halten wie auch die Korrektur von Erbdefekten durch Eingriffe in die Molekularstruktur, wie eine Studie aus dem Jahr 1966 belegt. Diese Vorhersagen sind halb richtig und halb falsch – die Erbdefekte werden von den Forschern unserer Tage bereits heftig attackiert, nur gegen Bakterien und Viren fehlen Superwaffen noch weitgehend. Ebenso haben auch andere Vorhersagen aus dem 20. Jahrhundert vorerst noch keine Aussicht auf Realisierung:

> *»In den knappen 30 Jahren zum Jahre 2000 schon soll es möglich werden, dass 60jährige sich auf 30 zurückverwandeln lassen, 100jährige wie in den besten Jahren aussehen und die durchschnittliche Lebenserwartung eines Menschen von heute 70 auf 150, auf 200, ja vielleicht sogar auf 300 Jahre emporschnellt.«*

Ulrich Schippke: »Die 7 Weltwunder von morgen«,
Bertelsmann, Gütersloh, 1971, S. 36

Und was sollte die Menschheit derartig alt werden lassen? Gewissen chemischen Mitteln, die den Verfall durch sogenannte freie Radikale verhindern, wurden derartige Wunderwirkungen zugeschrieben. Professor Denham Harman, Biogerontologe und Professor an der University of Nebraska Medical Center in Omaha, wollte von der Industrie genutzte Konservierungsmittel beim Menschen zum Einsatz bringen:

> *»Drei Chemikalien erwiesen sich als wirksam: ein Mittel, das industriemäßig Gummierzeugnissen und Schweineschmalz beigegeben wird (Ter-Butylhydroxytoluen, kurz*

BHT) ein Stoff, den Züchter heute dem Brathähnchenfutter beigeben, um ihre Tiere vor der ›Crazy chicken‹-Krankheit zu bewahren (Ethoxyquin) und ein Strahlenschutzmittel (2-Mercyptoäthylamin).«

Ulrich Schippke: »Die 7 Weltwunder von morgen«, Bertelsmann, Gütersloh, 1971, S. 49

BHT ist ein Lebensmittelantioxidans (E 321). Vermutlich nehmen Sie davon schon genug über Ihre normale Ernährung auf. Ethoxyquin wird im Obstbau gegen Schalenbräune und zur Konservierung von Fischfutter für Aquakulturen verwendet, sollte also auch hervorragend für Menschen geeignet sein. Obst, Fische, Menschen – das ist doch irgendwie alles dasselbe. 2-Mercyptoäthylamin, eigentlich 2-Mercaptoethylamin, wird als Cystagon gegen bestimmte Formen von Leberentzündung und nach wie vor als Strahlenschutzmittel angeboten.

Haben Sie heute schon eines dieser Mittel eingenommen? Dann ist es nicht verwunderlich, dass Sie vermutlich keine 300 Jahre alt werden. Tatsächlich lag die Lebenserwartung 2015 für Männer bei 78 und für Frauen bei 83 Jahren. Die 150 Jahre liegen in weiter Ferne, sehr zur Freude der Rentenkassen. Die würden in absolutem Chaos versinken, würde die folgende Lösung realisiert, die es ermöglichen soll, die 1000-Jahre-Grenze noch zu sprengen:

»Wer will, kann sein Leben in Raten leben und immer mal wieder für ein paar Jahrzehnte eingefroren werden.«

Ulrich Schippke: »Die 7 Weltwunder von morgen«, Bertelsmann, Gütersloh, 1971, Überschrift auf S. 55

Wunderbare Perspektiven: Die gesamte Familie ausgestorben, du wachst auf und kennst keinen Menschen mehr. Um dich herum ein unbekanntes Sozialgefüge und hoch entwickelte Technik, die du nicht einmal im Ansatz begreifst, geschweige denn bedienen kannst ... Aber dein Bankkonto ist voll – angesammelte Rentenzahlungen, und die Zinsen hatten auch ordentlich Zeit zu wachsen. Was für ein Paradies!

Trotz aller fehlgeschlagenen Prognosen und wahnwitzigen Ideen über die menschliche Lebenskraft: Heute sind die Aussichten gut und die Lebenserwartung hoch. Die Sorge um die eigene Gesundheit und die Begeisterung unserer Zeitgenossen für körperliche Selbstoptimierung reichen weit über die Möglichkeiten der Vergangenheit hinaus. Unter den neuen technischen Segnungen gibt es aber auch bedrohliche Szenarien:

> *»Die Toilette leitet automatisch Urinproben zur Kontrolle an die Krankenversicherung – Ärzte der Zukunft operieren per Touchscreen – Organe wie Herzen oder Nieren werden im Labor gezüchtet – Gelähmte können mithilfe von Mikrochips wieder laufen – Es gibt eine Klassengesellschaft bei Krankenversicherungen – Krankenkassenpolizisten entscheiden über Leben und Tod – Sterbestationen für Unversicherte.«*
>
> Vorstellungen aus dem ZDF-Dreiteiler »2057 – unser Leben in der Zukunft«, ausgestrahlt im Frühjahr 2007

Wenn es hart auf hart kommt, kann möglicherweise noch die Esoterik helfen:

> *»Wer die bhagwaneske Lebensweise befolgt, wird hundert Jahre länger leben.«*
>
> Rajneesh Chandra Mohan Jain, aka Bhagwan, zuletzt genannt Osho

Eine Mischung aus Meditation, Handauflegen und Gruppensex als Jungbrunnen? Der Meister selbst – er nannte sich

Mitte der 1960er- bis Anfang der 1970er-Jahre Acharya Rajneesh, danach bis Ende 1988 Bhagwan Shree Rajneesh und von 1989 bis zu seinem Tod Osho, aber auch das hat nichts geholfen – starb am 19. Januar 1990 infolge von Übergewicht und Herzschwäche im Alter von nur 58 Jahren.

Babyfabrik und Gebärroboter – die menschliche Fortpflanzung

Offenbar müssen Menschen alles optimieren. Schon als der Homo noch nicht sapiens war, funktionierte die Sache mit der Vermehrung ausgesprochen reibungslos, man war mit dem Verfahren und den Ergebnissen eigentlich ganz zufrieden, die Sache hätte so weitergehen können, es war ja alles optimal geregelt – nicht aber in den Augen von Fortschrittsfanatikern des 20. Jahrhunderts:

> *»Nichts stellt der Mensch so leichtfertig her, wie neue Mitglieder seiner Art. Er protzt mit den Erfolgen seiner Schweinezucht, aber wenn es um das höchste und kostbarste Leben des Planeten geht, dann lässt er der Natur freien Lauf. Das soll sich nun jedoch ändern. Wichtigste Schicksalsentscheidungen werden künftig die Eltern selber fällen. Soll es ein Junge oder ein Mädchen werden? Ausgetragen von einer Mietmutter? Gezüchtet in einem Gebärroboter? Schritt um Schritt werden neue Zeugungstechniken den Eltern erlauben, Kinder mit Qualitätsgarantie zu erzeugen – allerdings nicht mehr im Ehebett.«*

Ulrich Schippke: »Die Zukunft – Das Bild der Welt von morgen«, Gütersloh, 1974, S. 146

Die Schweinezucht als Maßstab? Gebärroboter? Neue Zeugungstechniken? Kommt das Baby mit Qualitätssiegel – das TÜV-geprüfte Premium-Kind? Offensichtlich waren in den 1970er-Jahren die Forscher ungeheuer von sich und den neuen Möglichkeiten überzeugt:

> *»Dennoch, die Babyfabrik dürfte kaum noch zu verhindern sein. Denn ihren künftigen Kunden macht sie keine Angst. Ein Fünftel aller Frauen in Deutschland (21,6 Prozent) empfindet Mutterschaft nur noch als notwendiges Übel. Die Frauen würden, wie sie bekunden, ihr Kind ohne Bedenken in einer künstlichen Gebärmutter heranwachsen lassen.«*

Ulrich Schippke: »Die Zukunft – Das Bild der Welt von morgen«, Gütersloh, 1974, S.157

Wann holen Sie Ihr nächstes Kind aus dem Inkubator?

Die Schwarzseher jener Zeit hielten eine ausgiebige Reproduktion der menschlichen Art hingegen für geradezu lebensgefährlich, befürchteten sie doch eine Bevölkerungsexplosion mit 70 Milliarden Menschen im Jahre 2100 und womöglich 70 Millionen Milliarden Erdenbewohner im Jahr 2850 bei gleich bleibender Vermehrungsrate. Bei dann noch 0,007 m^2 Lebensraum pro Individuum wären, so prognostizierte man, einschneidende Maßnahmen nötig, denn ...

> *»Der britische Physiker John H. Fremlin errechnete, dass auf der Basis gegenwärtiger Vermehrung in etwa 900 Jahren ein einziges, zusammenhängendes, 2000 Stockwerke hohes Gebäude den gesamten Erdball einhüllen müsste, um alle Menschen aufzunehmen.«*

Ulrich Schippke: »Die 7 Weltwunder von morgen«, Bertelsmann, Gütersloh, 1971, S. 12

Was in einem solchen Fall zu erwarten ist, kann man sich auch ohne große Fantasie vorstellen: extreme Ressourcenknappheit, weltweite Konflikte um Wasser und Rohstoffe, ein überaus beengter Lebensraum für den Einzelnen, Probleme, wohin man auch sieht ... Was wäre zu tun, wenn die Weltbevölkerung tatsächlich aus den Nähten platzt – in 900 Jahren, versteht sich? Das größte Problem stelle – Sie werden es nicht glauben! – die Überhitzung durch übermäßige sexuelle Aktivität dar, glaubt man dem von Ulrich Schippke zitierten, heute emeritierten Professor für Zoologie an der Universität Innsbruck, Wolfgang Wieser:

> *»Der Wiener Zoologe Wolfgang Wieser notierte, in einer solchen Welt hätte die Zahl der Geschlechtsakte genau geregelt zu sein, da sonst die Gefahr einer Überhitzung des Planeten bestünde.«*
>
> Ulrich Schippke: »Die 7 Weltwunder von morgen«,
> Bertelsmann, Gütersloh, 1971, S. 12

Zur Beruhigung der Leserschaft: Die UNO prognostizierte 2015 unter Berücksichtigung aller bekannten Faktoren für das Jahr 2100 eine Weltbevölkerung von 11,2 Milliarden Menschen. Die Megastadt und rationierte Geschlechtsakte bleiben der Menschheit vermutlich erspart.

Das alltägliche Leben

Das große Ganze im Auge zu haben, ist nicht unwichtig, aber natürlich machten sich unsere Vorväter und -mütter auch Gedanken darüber, wie der Alltag in der heraufdämmernden Zukunft aussehen würde. Fragen wir doch die Experten vom Hudson Institute, einer 1961 von Herman Kahn gegründeten, konservativen Denkfabrik in Washington, D.C. Vielleicht kommt es wirklich so, wie es sich die Zukunftsforscher Kahn, Singer und Ruebhausen in ihren Voraussagen der 1960er-Jahre ausmalten:

»Der Normalbürger des Jahres 2000 erwacht erquickt aus einem traumlosen, medikamentengesteuerten Schlaf. Er schluckt seine 200-Kalorien-Frühstückspille und schlüpft in einen frischen Wegwerf-Anzug. In seinem Elektro-Auto flitzt er über unterirdische Autobahnen zur Arbeit: 7½ Stunden lang Knöpfe drücken und Meßskalen ablesen in einer staub-, abgas- und lärmfreien Fabrik.«

Aus einer Studie des von Herman Kahn, Max Singer und Oscar Ruebhausen gegründeten Hudson-Instituts

Mamas Technotraum – der moderne Haushalt

Wie würde der moderne Haushalt der Zukunft aussehen? Unsere Altvorderen entwickelten eine beachtliche Fantasie, ritten aber auch immer wieder auf denselben Patentlösungen herum. Dramatische Veränderungen sah ein hochrangiger Vertreter der Staubsauger-Industrie allerdings schon Mitte der 1950er-Jahre:

> *»Staubsauger, die durch Kernkraft angetrieben werden, sind vermutlich in zehn Jahren Realität.«*
>
> Alex Lewyt, Präsident von Lewyt Corp. Vacuum Company, 1955

Es saugt und bläst der Heinzelmann mit dem Reaktor hintendran! Staubbeutel in die Mülltonne, verbrauchte Brennstäbe einfach ... Ja, wohin damit? Verschwendete eigentlich in diesen Zeiten der Atomeuphorie irgendjemand einen Gedanken an die Entsorgung hochradioaktiver Abfälle? Man meinte es ja nur gut: Alles sollte einfacher, technischer, irgendwie energetisch aufgeladener erledigt werden. Vielleicht wird das Kochen sogar überflüssig?

> *»Die Kochkunst ist nur eine Erinnerung in den Köpfen alter Leute. Einige Ultrakonservative braten noch ein Huhn oder eine Lammkeule, aber die Experten haben Wege zur Tiefkühlung teilweise gebackener Fleischstücke entwickelt. Auch Suppen und Milch werden in Form von gefrorenen Ziegeln geliefert. Diese Ausbreitung der industriellen Tiefkühlkost und die Änderung der kulinarischen Gewohnheiten der Nation haben es erforderlich gemacht, in jedem Haus einen elektronischen Industrie-*

herd zu installieren. (...) Jane Dobson hat einen dieser elektronischen Öfen. In acht Sekunden ist ein halb gegrilltes Tiefkühl-Steak aufgetaut; zwei Minuten später kann serviert werden. Es kostet Jane Dobson nie mehr als eine halbe Stunde, eine Mahlzeit vorzubereiten, wie man sie sich in Tottenville als ein aufwendiges mehrgängiges Menü vorstellt.«

Waldemar Kaempffert: »Miracles You'll See In The Next Fifty Years«, Artikel in der *New York Times*, Februar 1950

Auch der aufkommenden elektronischen Datenverarbeitung wurde bereits ein Platz in der Küche der Zukunft zugewiesen, wenn auch die Prognose über die Beschaffenheit des Datenträgers nicht Wirklichkeit wurde. Eines sah man allerdings für sicher an – dass die Hausfrau in der Küche stehen würde.

»Soll es einen Nudelauflauf geben oder eine Gemüsesuppe, so nimmt die Hausfrau aus ihrer Kochbuchkartei nur eine entsprechende Rezeptfolie, in die alle Zutaten eingestanzt sind. Sie schiebt das Metallstück in das Steuerpult, das wie die Kommandozentrale eines Schiffes aussieht und mitten in der Super-Küche steht.«

Birkel-Sammelalbum »Die Welt von morgen«, neue überarbeitete Auflage, 1962

Nicht nur die Kommandozentrale steht in der Küche – Einsatzgebiete der Frau der Zukunft bleiben selbstverständlich Kochen, Küche und Ernährung. Diese Vorstellungen müssen eindeutig aus den Gehirnen von Männern stammen. 40 Jahre früher, im ersten Jahrzehnt des 20. Jahrhunderts sah eine Frau zumindest das Ende des Kochens voraus. Und sie hatte auch schon eine Vorstellung vom asketischen Gesundheitswahn der kommenden Zeiten:

»Seine Eßpillen nimmt jeder aus seiner Schachtel ein. Nur sehr alte Leute, die sich aus dem zwanzigsten Jahrhundert noch die Lust an den alkoholfreien Weinen, an den nikotinfreien Zigarren und dem coffeinfreien Kaffee bewahrt haben – die einzige Form, in der Genußmittel noch zu finden sind – schleichen zu dem einen oder anderen geheimen Automaten, um dort die niedrigen Bedürfnisse zu befriedigen, die die jüngere Generation verachtet.«

Key, Ellen: »Die Frau in 100 Jahren«,
in: »Die Welt in 100 Jahren«, hrsg. von Arthur Brehmer, 1910, S. 119

Esspillen statt niederer Bedürfnisse – was noch 1910 wie Zukunft aussah, war für die Propheten der 1960er-Jahre keine Option mehr. Die Hausmutter war wieder ganz in ihrem Element, wenn auch mit massiver maschineller Unterstützung:

»Die Hausfrau braucht keinen Schritt mehr zu gehen. Sie sitzt bequem vor ihrer ›Kommandobrücke‹, schaltet die Bügelmaschine ein, den Spülautomaten für das Geschirr und die Waschanlage und setzt in den Wohnzimmern eine elektrische Luftentstaubungsanlage in Betrieb.«

Birkel-Sammelalbum »Die Welt von morgen«,
neue überarbeitete Auflage, 1962

In der Küche war weit und breit kein Mann in Sicht. Aber vielleicht sollte der Hausherr zum Zuge kommen, wenn es in der Zukunft etwas zu reparieren geben würde?

»Hat das Geschirr einen Sprung, bricht sich der Hocker ein Bein – man wirft alles in den Abfallschlucker. Kunststoff ist billig.«

Birkel-Sammelalbum »Die Welt von morgen«,
neue überarbeitete Auflage, 1962

Keine Chance für die männliche Heimwerkerrolle. Noch konsequenter und vor allem detailreicher in den Voraussagen ist der folgende Prophet. Seine zukünftige Musterfamilie heißt mit Nachnamen Dobson – Sie hatten ein paar Seiten weiter vorn im Buch bereits das Vergnügen:

> *»Das Haus der Dobsons ist nicht so hoch mechanisiert, wie Sie vielleicht annehmen, vor allem wegen der Fortschritte, welche die synthetische Chemie gemacht hat. Es gibt zum Beispiel keine Geschirrspülmaschinen, weil das Geschirr nach einmaliger Verwendung weggeworfen oder vielmehr im Spülbecken mit überhitztem Wasser aufgelöst wird. Zwei Dutzend lösliche Kunststoffteller kosten einen Dollar. Sie lösen sich erst bei ca. 250 °C auf, so dass kochend heiße Suppen und Eintöpfe serviert werden können, ohne dass es eine Katastrophe gibt. Die Kunststoffe werden aus so billigen Rohstoffen wie Baumwollsamenschalen, Haferspelzen, Topinambur, Fruchtkernen, Sojabohnen, Bagasse (Anmerkung: das sind Überreste aus der Zuckerproduktion), Stroh und Holz gewonnen.«*

Waldemar Kaempffert: »Miracles You'll See In The Next Fifty Years«.
Artikel in der *New York Times*, Februar 1950

Der Traum vom vollökologischen Kunststoff wurde nicht Realität, doch der aufkommende Wegwerfwahnsinn reicht bis in die heutige Zeit hinüber.

Und das Putzen? Viel Wasser wird es in der Zukunft schon richten – irgendwie muss man an die freiwillige Feuerwehr denken:

> *»Wenn Jane Dobson das Haus reinigt, dreht sie einfach den Schlauch auf. Warum auch nicht? Möbel (inklusive der mitgelieferten Polster), Teppiche, Vorhänge, die*

kratzfesten Böden – all das wurde aus Kunststoffgewebe oder wasserdichtem Kunststoff hergestellt. Nachdem das Wasser in einen Abfluss in der Mitte des Bodens (später von einem Teppich aus Kunstfaser verdeckt) gelaufen ist, dreht Jane einen Heißluftstrom auf und trocknet alles. Ein Waschmittel im Wasser löst jeden hartnäckigen Schmutz. Tischdecken und Servietten sind aus gewebten Papiergarnen, so fein, dass das ungeschulte Auge sie für Leinen hält.«

Waldemar Kaempffert: »Miracles You'll See In The Next Fifty Years«. Artikel in der *New York Times*, Februar 1950

Der Mann der Zukunft findet in den Imaginationen dieser Tage den Weg in die Hauswirtschaft einfach nicht. Auch in den 1970er-Jahren waltet drinnen noch immer die züchtige Hausfrau, deren Aufgabe allerdings nur noch auf das Knöpfchendrücken beschränkt ist:

»Da drückt eine Hausfrau auf einen Knopf und schon reinigt sich die Wohnung von selber: Staubtücher werden von elektronischen Gittern ersetzt, die – versteckt in der Wohnung verteilt – alle Staubpartikel anziehen. Roboterähnliche Geräte werden die ganze Wohnung reinigen, indem sie sich wie Fledermäuse auf von ihnen ausgesandten Wellen entlangtasten, ohne irgendwo anzustoßen.«

Ulrich Schippke: »Die 7 Weltwunder von morgen«, Bertelsmann, Gütersloh, 1971, S. 122,

Apropos Radarwellen und Fledermäuse: Haben Sie eigentlich schon eine Ultraschall-Heizung?

»Ein so altertümliches Ungeheuer wie ein Kohleofen ist selbstverständlich längst verbannt. Geheizt wird mit Öl

oder sogar mit Ultraschall. Von der Zimmerdecke und vom Fußboden kommen zusätzlich Infrarot-Wärmestrahlen, selbst geheizte Tapeten gibt es schon.«

Ludwig Fischer: »Wie wohnen wir morgen?«, in: »Das neue Universum« Bd. 75, Union Verlag, Stuttgart, 1958

Ach so, Sie haben die Variante mit den geheizten Tapeten gewählt. Warum bloß dachte nie jemand an die Fußbodenheizung?

Und wie lebt man so in der kuschelig warmen Wohnung? Sitzt man auf der futuristischen Sofagarnitur und schaut TV? Nein, das Fernsehen übernimmt eine ganz neue Rolle im modernen Haushalt der Zukunft – nur die Rolle der Hausfrau und Mutter bleibt dieselbe:

»Die Mutter kontrolliert über den Fernsehapparat, ob ihre Kinder lernen oder spielen, und beobachtet auf dem Bildschirm, wann der Milchmann mit seinem Verkaufsladen vorfährt.«

Birkel-Sammelalbum »Die Welt von morgen«, neue überarbeitete Auflage, 1962

Da wird sich der Milchmann aber freuen, zumal die sicherlich unterforderte Knöpfchendrückerin, Hausfrau und Mutter jetzt viel Zeit für ihn hat. Denn nicht einmal um die florale Dekoration der Wohnung muss sie sich noch kümmern:

»Und die Blumen in der Vase brauchen nicht mehr im Wasser zu stehen, denn der Nelkenstrauß, den Mutti zum Geburtstag bekam, ist aus Kunststoff und verschönert das Heim für lange Zeit.«

Birkel-Sammelalbum »Die Welt von morgen«, neue überarbeitete Auflage, 1962

Plastiknelken zum Geburtstag – was für eine Zukunft! Was will die moderne Hausfrau noch mehr? Die Zukunftsforscher dieser Tage glaubten zu wissen, was Hausfrauen wollten:

> *»Die meisten Hausfrauen werden sich wünschen, von den Routinearbeiten in der Wohnung, wie dem Putzen der Fußböden, des Badezimmers und des Herdes, dem Wäsche- und Geschirrwaschen, dem Abstauben, Kehren und Bettenmachen, befreit zu sein.«*
>
> Herman Kahn, Anthony J. Wiener: »Ihr werdet es erleben – Voraussagen der Wissenschaft bis zum Jahr 2000«, Bertelsmann, 1967

Richtig, das war ohnehin klar. Aber wie soll das funktionieren?

> *»Will man weiterhin die Vielfalt der menschlichen Wohnmöglichkeiten erhalten und trotzdem die Hausfrau von der Routine befreien, so ist es ganz logisch, einen Roboter einzusetzen.«*
>
> Herman Kahn, Anthony J. Wiener: »Ihr werdet es erleben – Voraussagen der Wissenschaft bis zum Jahr 2000«, Bertelsmann 1967

Das wäre wunderbar, wird ihm sicher so manche Hausfrau jener Tage zugestimmt haben. Denn:

> *»Er wird auf die Anforderungen eines einzelnen Haushaltes abgestimmt und so programmiert, dass er ein halbes Dutzend oder mehr Standardtätigkeiten erledigt (wie etwa Schrubben, Kehren, Staubwischen, Tischdecken und Betten machen), wenn er von der Hausfrau eingeschaltet wird.«*
>
> Herman Kahn, Anthony J. Wiener: »Ihr werdet es erleben – Voraussagen der Wissenschaft bis zum Jahr 2000«, Bertelsmann, 1967

Und das Tollste daran: Kein Mann muss sich mehr im Haushalt die Finger schmutzig machen. Allerdings ... was, wenn sich die Dame des Hauses nun ihrem mechanischen Gefährten zuwendet?

»Die Maschine wird nicht mehr Gefühle als ein Auto haben, aber ein Gedächtnis für Instruktionen und eine gewisse angelernte oder eingebaute Anpassungsfähigkeit je nach den Positionen, in denen sie verschiedene Gegenstände vorfindet.«

Herman Kahn, Anthony J. Wiener: »Ihr werdet es erleben – Voraussagen der Wissenschaft bis zum Jahr 2000«, Bertelsmann, 1967

Hat ein Auto Gefühle? Gut, Männer haben Gefühle für Autos, aber umgekehrt? Und die »gewisse angelernte oder eingebaute Anpassungsfähigkeit je nach den Positionen« sollte dem Ehemann schon zu denken geben. Möglicherweise wird er in Zukunft auch noch in anderer Hinsicht überflüssig.

»Der Roboter wird andere spezialisierte Maschinen bedienen, etwa einen Staubsauger oder eine Waschmaschine.«

Herman Kahn, Anthony J. Wiener: »Ihr werdet es erleben – Voraussagen der Wissenschaft bis zum Jahr 2000«, Bertelsmann, 1967

Puh! Glück gehabt! Auch an anderer Stelle hoffte man auf den Roboter:

»Zwischen 1980 und 1996 sollen (...) die ›Roboter-Dienstmädchen‹ auf den Markt kommen. Das ist ein Satz von Haushaltsmaschinen, die programmgesteuert arbeiten. Die Hausfrau kann dann ruhig das Haus verlassen. Bis sie wiederkommt, ist das Programm, das sie in den Kasten getippt hat, erledigt: Schuhe geputzt, Geschirr ge-

spült, das Essen gar gekocht, die Kleinwäsche erledigt, die Kleider abgesaugt.«

Hobby Bücherei Bd. 15: »Report 1998 – so leben wir in 30 Jahren«, Bildunterschrift auf S. 91, Ehapa-Verlag, 1968

Dass diese Prognose ein Mann geschrieben haben muss, erkennt man schon daran, dass er a) dem Haushaltsroboter ein weibliches Geschlecht verleiht und b) nicht die geringste Ahnung vom Haushalt hat, denn wer, bitte, saugt seine Kleider ab? In derselben Quelle werden männliche Befürchtungen auch noch in einer anderen Aussage erkennbar. Was ist das Lästige an einer Hausfrau? Sie widerspricht!

»Roboter UNIMATE als perfekte Hausfrau. In 30 Jahren werden solche Helfer, die ohne Widerreden alles tun, was man ihnen aufträgt, nicht nur wichtige Funktionen in den Industriebetrieben, sondern auch im häuslichen Kreis übernommen haben – vom Teekochen bis zum Waschen.«

Hobby Bücherei Bd. 15: »Report 1998 – so leben wir in 30 Jahren«, Bildunterschrift auf S. 73, Ehapa-Verlag, 1968

Die Abbildung zu diesem Text zeigt eine fröhlich lächelnde Blondine mit Kurzhaarfrisur, rechts von ihr hebt ein gigantischer Roboter (etwa in der Größe eines Personenwagens, ein Teil des Gerätes ist verdeckt) mit einem groben Greifinstrument ein Ei in einen Eierbecher, eine enorme Leistung der Robotertechnik. Auch ein unbedarfter Laie kann sich denken, dass dieses Gerät in der Küche zu so gut wie nichts zu gebrauchen ist.

Völlig an der Wirklichkeit vorbei gingen die Roboter-Prognosen jener Tage nicht, denn sie wurden in der Zukunft – also heute – zumindest in einem Land auf dem Planeten Erde, nämlich in Japan, Wirklichkeit. Hier ist die Begeisterung für

Roboter groß. Mit weichem Fell überzogene Kunstwesen tun ihren Dienst in Kindergarten und Altenheim, und es stimmt besonders nachdenklich, dass am 17. Juli 2015 im Südwesten Japans das erste Roboterhotel mit 72 Zimmern eröffnet wurde, wie die *Süddeutsche Zeitung* berichtete. Am Empfang begrüßt ein von Digitaltechnik betriebener Dinosaurier die englischsprachigen Gäste, die japanischen Kunden empfängt ein kybernetisch-weibliches Wesen mit langen Wimpern. Wenn das funktioniert, dann wird der funktionale Haushaltsroboter für jede Familie auch nicht mehr lange auf sich warten lassen.

Eine Frage bleibt allerdings noch: Was treibt die Hausfrau oder der Hausmann nun mit der freien Zeit? Was schon? Sie gehen einkaufen! Nicht einmal dazu müssen sie mehr die Wohnung verlassen, denn die Technik der Zukunft erlaubt Einkäufe direkt vom Cocktailsessel im trauten Heim:

> *»Sie informiert sich per Fernseh-Telefon – im Jahr 2000 so weit in Gebrauch wie heute das normale Telefon – über das Warenangebot der städtischen Läden; ihre Bestellung wird über das Rohrsystem blitzschnell in die hypermoderne Wohnung geschossen.«*
>
> Ulrich Schippke: »Die 7 Weltwunder von morgen«, Bertelsmann, Gütersloh, 1971, S.122

Einweg-Outfit – Kleidung und Mode

Eines ist in der Mode sicher – alles kommt einmal wieder. Was aber wann wiederkommt, darüber sind verlässliche Aussagen nur schwer möglich. Trotzdem werden Prognosen über die kollektiven Bekleidungsgewohnheiten und die Mode der Zukunft immer wieder versucht. Die zu erwartende Trefferquote geht allerdings gegen null.

Noch optimistisch blickte man im 18. Jahrhundert auf eine textile Nachwelt. So lässt Louis-Sébastien Mercier 1771 in seinem Roman »Das Jahr 2440 – Ein Traum aller Träume« seinen Ich-Erzähler über die Bekleidungsgewohnheiten im Paris der Zukunft verwundert äußern:

> *»Ich sehe, dass jedermann auf eine simple und bescheidene Art gekleidet ist, und seit wir auf der Straße sind, habe ich noch kein einziges goldbesetztes Kleid gesehen.«*
>
> Louis-Sébastien Mercier: »Das Jahr 2440 – Ein Traum aller Träume«, 1771

Das soll, so der Begleiter des Erzählers, an der neuen Abgeklärtheit der zukünftigen Menschen liegen. Ähnliche modische Erfolglosigkeit und eine Mode ohne jeden Pomp sah man im beginnenden 20. Jahrhundert voraus:

> *»Die Menschen tragen Einheitskleidung: Rock und Hose, beides mit Reißverschluss.«*
>
> »Das schöne echte Wagner Album« Nr. 3, 1929 aus der Serie »Zukunftsfantasien« der Holsteinischen Pflanzenbutterfabriken Wagner & Co. GmbH

Und die besagte Einheitskleidung ist, nur wenige Jahrzehnte später, natürlich aus Kunststoff. Hier noch einmal unsere »Vorzeigefamilie« der Zukunft:

> *»Jane Dobson wirft verschmutzte ›Wäsche‹ in den Verbrennungsofen. Bettwäsche besteht aus Material höherer Qualität, Jane Dobson muss die Laken nur aufhängen*

und mit einem Wasserschlauch reinigen, wie sie es auch mit der Wohnung macht.«

Waldemar Kaempffert: »Miracles You'll See In The Next Fifty Years", Artikel in der *New York Times*, Februar 1950

Da ist er wieder, der Wasserschlauch! Aber dennoch fällt die Kleidung einer Familie als eine Menge an Plastikmüll an – und es wird sehr viel Müll gedacht in jenen Tagen. Ex-und-Hopp-Klamotten spielen auch in der Vorstellungswelt zwölf Jahre später noch eine bedeutende Rolle:

»Wer in einer Kunststoff-Wohnung lebt, der trägt auch Kunstfaserkleidung. Man geht mit der Mode. So sieht man immer elegant aus. Abgelegte Kleider lässt man vom Müllwagen abholen.«

Birkel-Sammelalbum »Die Welt von morgen«, neue überarbeitete Auflage, 1962

Kleider wegwerfen? Vielleicht besser doch nicht, denn in einer anderen Zukunftsvision wird es sich um individuelle Maßanfertigungen handeln:

»Massenproduktion bedeutete, dass sich jeder einen Satz Kleider leisten konnte – vorausgesetzt, sein Körper passte in die offiziellen Größen. Diese Epoche geht nun zu Ende. Die neuen Maschinen werden sich den Menschen anschauen und ihm dann einen Anzug fertigen, der auf ihn zugeschnitten ist.«

Marvin Minsky, KI-Forscher, in den 1960er-Jahren

Roboter als Schneider – eine solche Entwicklung würde das Ende menschlicher Berufstätigkeit auch in diesem Bereich bedeuten. Kurioserweise vermutete sogar einer der branchenerfahrenen »Seher«, nämlich der Modedesigner Pierre Cardin, dass Zeiten der Arbeitslosigkeit für Schneider heraufdämmern könnten, allerdings aus anderen Gründen:

> *»Kleider werden überflüssig. Man wird sich den Körper eincremen, anmalen, originell schmücken.«*
>
> Pierre Cardin, zitiert in: Ulrich Schippke: »Die Zukunft – Das Bild der Welt von morgen«, Gütersloh 1974, S. 74

Ein Zeitgenosse sieht das etwas anders: Ernest Callenbach vermutet in seinem 1975 erschienenen Roman »Ökotopia«, der im Jahr 1999 spielt, dass der Mensch der Zukunft keineswegs nackt ist, dass die Kleidung jedoch keine synthetischen Fasern enthalten wird, sondern aus einem aus Baumwolle entwickelten, extrem haltbaren Kunststoff besteht. Die neuartige Kleidung kommt auch nicht aus fernen Ländern, sondern aus einheimischer Produktion. Deshalb ist sie teuer, aber Callenbachs Romanheld, der Journalist William Weston, steht irgendwie darauf. Als er zum ersten Mal nach einem Ausflug nach Ökotopia seine New Yorker Kleidung anzieht, macht er eine erstaunliche Erfahrung, welche die Hersteller konventioneller Kleidung tief erschrecken, hingegen die Inhaber alternativer Klamottenläden mit Euphorie erfüllen würde, träte sie bei all ihren Kunden auf:

> *»Ich ging zum Spiegel hinüber, legte mir die Krawatte um den Kragen und begann gedankenverloren, sie zu binden. Plötzlich erblickte ich mich im Spiegel, und mir sträubten sich die Haare. Ich sah schrecklich aus, ich hatte nichts Menschliches mehr an mir. Ein verkrampftes, steifes Spiegelbild schaute mich an. Wie betäubt setzte ich mich hin.*

(...) Mein ganzer Körper schrie danach, aus diesen furchtbaren Kleidern herauszukommen ...«

Ernest Callenbach: »Ökotopia – Notizen und Reportagen von William Weston aus dem Jahre 1999«, 1975, S. 218

»Ökotopia« ist ein erhellendes und lesenswertes Buch, Ernest Callenbach trifft zahlreiche Prognosen, die eingetreten sind, »entdeckt« zum Beispiel den Projektunterricht und den Waldkindergarten und erheitert seine Leser aber auch immer wieder mit lustigen und fantasievollen Einfällen aus der wilden Welt der Love-and-Peace-Bewegung. So sind seiner Meinung nach die Paare der Zukunft weitgehend monogam – außer an vier Feiertagen im Jahr, zum Beispiel zurzeit der Sonnenwendfeier und der Tagundnachtgleiche ...

Albtraum ohne Arbeit – Beschäftigungsverhältnisse

Der Traum von einer paradiesischen Zukunft ohne Arbeit scheint fest in den menschlichen Genen verwurzelt zu sein, und das, obwohl er für Individuum und Gesellschaft zu den Albträumen zählen dürfte, wenn er in Erfüllung ginge. Das belegen die Erfahrungen von Sinnsuchern auf Südseeinseln ebenso wie die Aussagen von Hartz-IV-Beziehern – ein Leben ohne sinnvolle Arbeit kann für viele die Hölle sein. Dennoch setzten Prognostiker immer wieder einen Zustand ohne Arbeit mit einem zukünftigen Garten Eden gleich.

Während spätere Jahre die schöne neue Welt der Roboter propagieren, äußert sich eine schwedische Reformpädagogin kurz nach der Jahrhundertwende durchaus satirisch zur Zukunft der Arbeit und des künftigen Alltagslebens. Die von ihr genannten »elektrischen Drücker« stehen sinnbildlich für eine automatisierte Arbeitswelt.

> *»Aller Männer und Frauen haben den Tag in vier gleiche Arbeitspensa eingeteilt: sechs Stunden Schlaf, sechs Stunden Arbeit bei den elektrischen Drückern, sechs Stunden im Parlament und sechs Stunden Gesellschaftsleben.«*
>
> Ellen Key: »Die Frau in 100 Jahren«, in: »Die Welt in 100 Jahren«, hrsg. von Arthur Brehmer, 1910, S. 118

Dieses gesellschaftliche Leben sieht sie zwiespältig und ahnt damit vermutlich heutiges Gutmenschentum in punkto soziales Engagement voraus. Auch der Gesundheitswahn klingt zwischen den Zeilen an:

> *»Das Gesellschaftsleben ist eine Gesellschaftspflicht, und der Einsame wird als anarchistischer Attentäter betrachtet. Man trifft sich in Sport- und Diskussionsklubs zu einem Verkehr, welcher keine materiellen Genüsse verlangt.«*
>
> Ellen Key: »Die Frau in 100 Jahren«, in: »Die Welt in 100 Jahren«, hrsg. von Arthur Brehmer, 1910, S. 119

In den Jahren des Fortschrittswahns zwischen 1950 und 1975 grassierte die kindlich-naive Idee vom Paradies ohne Arbeit in vielen Köpfen. So war der amerikanische KI-Forscher Herbert Simon, auch als Vater der künstlichen Intelligenz bezeichnet, vollends von der Leistungsfähigkeit von KI-Robotern überzeugt. Einer von ihnen sollte, so Simon, noch vor dem Ende des Jahrhunderts einen Nobelpreis erhalten. Selbstredend, dass derartige Wundermaschinen den Menschen jegliche Arbeit abnehmen würden. Seine Ideen wurden fortentwickelt:

»Universelle Roboter werden zuerst in Fabriken, Lagerhallen und Büros eingesetzt, wo sie in einem breiteren Spektrum als die ältere Generation von Robotern arbeiten, die sie ersetzen. Wegen der Breite ihrer Einsetzbarkeit sollte ihre Zahl schnell ansteigen und ihr Preis geringer werden. Möglicherweise werden sie billig genug für einige Haushalte, vielleicht ausgerüstet mit einem Programm zur Hausreinigung, ähnlich wie textverarbeitende Programme in frühen PCs enthalten waren.«

Hans Moravec: »Die Evolution postbiologischen Lebens – Szenarien der Entwicklung von intelligenten Robotern und Agenten«, 27. März 1996 über Roboter der ersten Generation 2000–2010 auf www.heise.de, Telepolis

Stets ausgeklammert wurden dabei bestimmte soziale Fragen: Wer profitiert von der vollautomatischen Produktion, wer kassiert für die Arbeit von Robotern? Die arbeitslosen Menschen sicher nicht. Um nur ein Teilproblem anzusprechen: Wer kann sich also einen Roboter zur Hausreinigung leisten, wenn er selbst ohne Arbeit ist? Die Schere der ungleichen Verteilung materiellen Wohlstands könnte sich immer weiter öffnen und irgendwann könnte ein Punkt erreicht werden, an dem es zum Konflikt zwischen der zweiten und dritten Generation von Robotern und einem Großteil der Menschheit kommt, zu einem neuen Aufstand der Maschinenstürmer ...

Wenn die Zukunft der Roboter doch nicht so funktioniert wie von manchen vorausgesehen, werden möglicherweise Menschen weiter die Arbeit erledigen müssen. Da nicht jeder alles kann, so vermuteten die Vordenker, wird es auch in der Zukunft Berufe geben. Ein eigenes Kapitel in einem Sonderband widmet die Zeitschrift *Hobby (Hobby Bücherei* Bd. 15: »Report 1998 – so leben wir in 30 Jahren«, S. 169 ff.: »Zukunft der Berufe – Berufe der Zukunft«, Ehapa-Verlag,

1968) den Tätigkeitsbeschreibungen, die wir Berufe nennen. Etliche der hier vermuteten Zukunftsberufe gibt es tatsächlich in der Zukunft – in unserer heutigen Zeit –, bei anderen allerdings funktionierte das simple Prinzip, vorhandene Zustände vorzuschreiben, ein weiteres Mal nicht. Die Datentypistin – stupide Arbeit, also nehme eine Frau – muss heute keine Löcher mehr in Lochkarten stanzen. Die Lebensmittelindustrie quetscht ihre Produkte ganz ohne den Konservierungstechniker in Dosen und Plastikbehälter, der Reprograf ist nicht, wie vermutet, zum gesuchten Hightech-Experten geworden, sondern wurde durch den Mediengestalter Digital und Print ersetzt.

Ökologie und Lebensräume

Über mehrere Hunderttausend Jahre waren Menschen Teil der Natur, und indigene Völker hatten dabei immer im Blick, dass ein Geben und Nehmen zwischen Natur und Mensch existiert. Unsere Vorfahren dachten darüber weniger nach, gingen auf ihre Weise mit den natürlichen Ressourcen um, lernten dabei vieles über eine kurz- und mittelfristige Nachhaltigkeit, richteten aber auch einigen langfristigen Schaden an. Zum Glück waren sie a) nicht allzu viele und hatten b) nicht die überaus effektiven Hilfsmittel, die heutigen Naturzerstörern zur Verfügung stehen. Die Umwelt litt unter dem menschlichen Eingriff, aber auf die eine oder andere Weise pegelten sich die Regelkreise der Natur wieder ein, welche Menschen verändert hatten. So entstanden alte Kulturlandschaften wie die Heide, die lichten Hutewälder oder die Almenlandschaften der Alpen, in denen die Natur trotz des Eingriffs der Menschen und ihrer Haustiere zu einem neuen Gleichgewicht fand. Erst mit der industriellen Revolution, der raumgreifenden Expansion ihrer Produktionsanlagen und ihren massenhaft anfallenden Schadstoffen lief alles aus dem Ruder. Nun mussten Menschen selbst abschätzen, welche Folgen ihr Handeln haben würde. Meist vermuteten sie, dass sie die Natur optimieren könnten …

Riesenäpfel im Atomgarten – Landwirtschaft und Ernährung

Die negative Variante wurde stets ausgeklammert, wenn es um menschliches Eingreifen in die gewachsene Natur ging. Der Traum von den blühenden Paradiesen hatte schon immer Konjunktur. Früh sahen die Prognostiker erstaunliche Möglichkeiten, zum Beispiel für den Pflanzenanbau:

> *»Wie? Citronen, Pomeranzen, Mandelbäume im deutschen Vaterlande, und das noch dazu in Wäldern? Gedeihen sie doch izt kaum in Treibhäusern gut! Meine theuersten Leser, das ist wieder eine Eigenschaft des 23ten Jahrhunderts. Das Klima war schon zu Franz des II. römischen Kaisers Zeiten nicht das nemliche, so einst zu Herrmanns Zeiten war, schon nicht so rauh unfruchtbar und ungesund. Die ungeheueren Waldungen wurden verkleinert, die unzähligen Sümpfe darinn in urbare Wiesen gemacht, und in dem neuen Zeitraum ist nun das Klima ungemein angenehmer, sanfter, milder, und trägt nun so gut und fruchtbar jene Pflanzen, Sträuche und Bäume, die vor fünf hundert Jahren nur in den warmen südlichern Erdgegenden gediehen -- dahin brachten es ebenfalls Menschen.«*

A. K. Ruh: »Guirlanden um die Urnen der Zukunft – Eine interessante, originelle Familiengeschichte aus dem drei und zwanzigsten Jahrhunderte«,Verlag der Jos. Poltischen Buchhandlung Leipzig, 1800

Möglicherweise erahnte hier der Verfasser die künftige Klimaerwärmung, irrte sich aber gewaltig bei der Beschreibung ihrer Auswirkungen. Auch über 150 Jahre später sind die Voraussagen in Sachen Landwirtschaft noch hochgradig optimistisch und alles andere als realistisch:

»Die große, mächtige Elen-Antilope mit dem schweren, gedrehten Gehörn wird auf den afrikanischen Farmen das Zugtier der Zukunft sein. Nicht mehr das Pferd, das unter den klimatischen Bedingungen der Tropen nur schwer und vereinzelt zu halten ist, auch nicht der etwas plump wirkende Esel wird den Kutschwagen oder das leichte Gefährt der Siedler Afrikas ziehen, sondern die Elen-Antilope.«

Birkel-Sammelalbum »Die Welt von morgen«,
neue überarbeitete Auflage, 1962

Elenantilopen im Zuggeschirr? Das deutet nicht eben auf große Sachkunde hin. Warum keine Giraffen oder Elefanten – die wären genauso ungeeignet für diese Tätigkeit. Aber wozu überhaupt auf Hilfe der Tiere setzen? Der Mensch und seine Errungenschaften regeln das doch alles viel besser:

»Die chemische Industrie unterstützt die Landwirte wesentlich in ihrem Bemühen. Auf über 700 Farmen führte man bereits Versuche durch, um nach geschickter Auswahl größere und schwerere Haustiere für die Welt von morgen zu züchten. Antibiotische Mittel, die dem Futter beigemengt sind, ergaben z. B. bei Schweinen schon eine Gewichtszunahme von 180 Pfund in 150 Tagen. Hormonkügelchen als Beigabe für junge Hühner lassen das Federvieh größer wachsen und steigern die Legefreudigkeit.«

Birkel-Sammelalbum »Die Welt von morgen«,
neue überarbeitete Auflage, 1962

Es hat zwar eine Weile gedauert, aber mittlerweile wissen wir, dass Antibiotika im Futter eine lebensgefährliche Beigabe für die Gattung Homo sapiens sind. Überall auf der Welt lauern schon resistente Keime auf menschliche Opfer. Von Menschen ausgebrachte Hormoncocktails lassen männliche Flussfische verweiblichen und führen bei Männern zur Zeugungsunfähigkeit. Die »Forschungsergebnisse« aus dem Jahr 1962 lagen zum Teil ganz richtig – die Folgen hatte man damals noch nicht im Auge.

Ebenfalls mit bombastischer Wirkungserwartung betrachtet wurde der Stein der Weisen der 1960er- und 1970er-Jahre: Die Kraft des Atoms wird es schon richten, glaubte der kindlich-naive und zugleich sträflich uninformierte Zukunftsforscher dieser Tage:

> *»Jeder Atomgarten liegt vorläufig noch hinter Stacheldraht. (…) Denn in der Gartenmitte steht ein vier Meter langes Stahlrohr, dessen unteres Ende in einer Betongrube verankert ist. Das Stahlrohr enthält ein Stück Kobalt 60. Es wird von einem sicheren Raum aus am Eingangstor jeden Tag über ein Zugseil bis in die Spitze des Rohres gezogen. Im gleichen Augenblick sendet das radioaktive Isotop eine starke Gammastrahlung aus, die für den Menschen gefährlich ist, nicht aber für die Pflanzen des Gartens. Mehrere Stunden dauert die Bestrahlung. (…) Ist es in seiner Versenkung verschwunden, und ruht es in der Strahlungsschutz gewährenden Bleikammer, so kann der Gärtner sich in seinem Atomgarten frei bewegen.«*

Birkel-Sammelalbum »Die Welt von morgen«,
neue überarbeitete Auflage, 1962

Was für ein Glück, wie herrlich, diese Aussichten! Aber warum lässt der Atomgärtner nun diese Strahlen auf seine Obst- und Gemüsepflanzen im Garten einwirken? Er muss es einfach tun ...

> *»... denn die Gammastrahlen verändern nicht nur die Wuchs- und Blattform der Gewächse, auch ihre Farbe. Sie führt bei vielen Obst- und Gemüsesorten zu Gewichtssteigerungen der Früchte: an drei Meter hohen Maisstauden wachsen Kolben so groß wie Gurken. Kartoffeln haben die Größe von Kohlköpfen. Kirschen gleichen Tomaten, Äpfel den Kürbissen. Das sind Riesenernten!«*
>
> Birkel-Sammelalbum »Die Welt von morgen«,
> neue überarbeitete Auflage, 1962

Gigantisch! Wer allerdings glaubt, dass dieser atomare Irrtum der 1960er-Jahre mittlerweile von höherer wissenschaftlicher Erkenntnis abgelöst wurde und dass wir aufgeklärten Zeitgenossen Lebensmittel und Radioaktivität voneinander getrennt halten, irrt gewaltig. Auch heute noch werden Lebensmittel wie Fleisch, Milch und Gewürze bestrahlt, zum Beispiel um möglicherweise durch Nachlässigkeit auftretende Hygienemängel auszugleichen. In Deutschland dürfen nur getrocknete aromatische Kräuter bestrahlt werden, aber in Belgien, Frankreich, Italien, den Niederlanden und Großbritannien werden auch andere Lebensmittel radioaktiv behandelt. Gesundheitsgefahren? »Der Wissenschaftliche Lebensmittelausschuss der Europäischen Kommission konnte in seiner Bewertung keine gesundheitlichen Risiken im Verzehr bestrahlter Lebensmittel erkennen«, erfahren wir auf der Internetseite des Bundesamtes für Verbraucherschutz und Lebensmittelsicherheit.

Aber nicht nur Atomkirschen sagten uns unsere Vorfahren in den 1960er-Jahren voraus. Auch so exotische Nahrungsmittel wie Mondbananen sollten wir bekommen – und wahrscheinlich sogar Hähnchenschenkel, gewachsen auf dem Erdtrabanten. Das zumindest meint niemand Geringeres als Weltraumpionier Wernher von Braun:

»Wenn man Permafrost auf dem Mond findet, könnte man sogar daran denken, dort unter einem einfachen Druckzelt, das schädliche Sonnenstrahlen ausfiltert, einige Nahrungsgewächse anzupflanzen. Man könnte dann in der mit Wasser aus den Permafrost-Tiefen angefeuchteten Mondlava, vielleicht mit gewissen Nährstoffen angereichert, einige Gemüsesorten anbauen.«

(...)

»Ich meine, niemand hindert uns, ein paar Hühnereier mitzunehmen und da eine kleine Hühnerfarm aufzumachen.«

Hans Gerhard Meyer: »Wie es weitergeht – Raumfahrt im nächsten Jahrzehnt – ein Gespräch mit Wernher von Braun«, in: Das neue Universum Bd. 86, Union Verlag, Stuttgart, 1969, S. 478

Was kosten Hühnereier auf dem Mond, wenn man das Hühnerfutter von der Erde hochschießen muss? Der Fortschrittsfanatiker weiß: Wir brauchen weder Pflanzen noch Tiere für die menschliche Ernährung. Was die Natur kann, können wir Menschen schon lange und sowieso besser:

»Schon kündigt sich erste rein synthetische Nahrung an. Da sollen die Roggenfelder chemische Konkurrenz erhalten, indem man die Kohlehydrate ihres Mehls synthetisch herstellt. In England, Frankreich und Indien arbeiten

erste Fabriken, die aus Erdöl nahrhaftes Eiweiß fertigen. Amerika bietet erste Kunststeaks an, die aus versponnenem Eiweiß bestehen. Fast die Hälfte unserer Nahrung soll Anfang des kommenden Jahrhunderts rein synthetisch entstehen.«

Ulrich Schippke: »Die Zukunft – Das Bild der Welt von morgen«, Gütersloh 1974, S. 21

Versponnene Gedanken über versponnenes Eiweiß ... Pardon, natürlich dürfen wir Skeptiker dem Fortschritt nicht im Wege stehen, zumal die alte, öde Landwirtschaft uns ohnehin nur den Planeten verschandelt, wie die folgende Bildbeschreibung aus der bereits mehrfach zitierten Zukunftsbibel belegt:

»Zwei Menschen in einer Natur ohne Zäune. Ohne Planquadrate aus Kartoffeln und Kohl. Ohne Roggenfelder, die keiner betreten darf. Nur noch wenige solcher Plätze sind auf der Welt verblieben. Landwirtschaft hat aus der bunten Erde von einst eine einzige Fabrik zur Herstellung von Lebensmitteln gemacht. Doch nach 10 000 Jahren Ackerbau und Viehzucht ist jetzt ein Wandel in Sicht. Mit Kunstmehl und Steaks aus der Retorte werden künftig Nahrungsfabriken die herkömmliche Landwirtschaft ablösen. Die Erdoberfläche, heute noch verschandelt, darf wieder zum blühenden Spielplatz des Menschen werden.«

Ulrich Schippke: »Die Zukunft – Das Bild der Welt von morgen«, Gütersloh 1974, S. 46

Richtig, die Bauernhöfe überall in der schönen Landschaft haben ohnehin nur gestört. Unsere Erde wird ohne sie noch viel schöner werden ...

»Was so seinen Anfang nimmt, wird sich – davon sind Experten überzeugt – innerhalb weniger Jahrzehnte zu riesigen vollautomatischen Nahrungsfabriken auswachsen, die weltweit den Ackerbau von einst ablösen. Gekoppelt an Atominseln, die ihnen die wichtigsten Produktionszutaten wie Wärme, Wasser und Dünger liefern, werden sie das große, ackerunabhängige Tischlein-deck-dich der Welt von morgen sein.«

Ulrich Schippke: »Die Zukunft – Das Bild der Welt von morgen«, Gütersloh 1974, S. 51

Dieser Autor möchte zurück zu einer »fröhlichen Wildnis«, die er mehrfach in seinem Werk erwähnt. Nur: Wie integriert man riesige Fabriken und Atominseln in dieses heitere Dschungelcamp? Ob wir da nicht doch besser Roggen- und Maisfelder anlegen und Kühe halten?

Was wir auch tun – mit der Menschheit wird es sowieso bald zu Ende gehen. Gegen Ende der 1960er-Jahre schlug der prophetische Optimismus in einigen Köpfen in eine neue Schwarzseherei um, und allen voran ging ein geradezu apokalyptischer Mahner: Paul R. Ehrlich (*1932), Biologe an der renommierten Stanford University in Kalifornien. Der meinte nämlich 1968:

»In den siebziger Jahren ... werden hunderte Millionen den Hungertod sterben.«

Paul R. Ehrlich: »The Population Bomb«, Ballantine Books, New York, 1968

Paul R. Ehrlich glaubte daran, dass in den 1980er-Jahren die wichtigsten Ressourcen der Erde ausgebeutet sein würden und dass zwischen 1980 und 1989 rund 65 Millionen

US-Amerikaner Hungers sterben würden. Daraufhin sollte die Population der Vereinigten Staaten von Amerika auf 22,6 Millionen Menschen schrumpfen. Noch blieb eine Zukunft des Nahrungsmangels aus. Eines der bedeutendsten Probleme in den Vereinigten Staaten stellt hingegen das Übergewicht dar.

Paul R. Ehrlich hatte, wie es sich für einen Schwarzseher gehört, auch ein Rezept zur Rettung der Menschheit im Jahr 2000. Durch die Einteilung des Globus in mehrere unterschiedliche Bereiche hoffte er, die Ernährung aller Menschen auf der Welt sicherstellen zu können. Eine Naturzone, ein urtümliches Reservoir ohne menschliche Bewohner, sollte die Hälfte der Erdoberfläche bedecken, um den Planeten intakt zu halten. Von hier würde die Weltbevölkerung ihr Trinkwasser beziehen. Maximal zwei Milliarden Menschen könnten in einer Ackerbauzone (45 Prozent der Erdoberfläche) die Nahrungsmittelproduktion für die gesamte Menschheit sicherstellen. Die restlichen bis zu 15 Milliarden Erdenbewohner müssten sich nach Ehrlichs Vision mit 5 Prozent der Fläche begnügen und in einer riesenhaften Stadt namens Ecumenopolis auf engstem Raum zusammenleben.

Der sechsmilliardste Erdenbürger erblickte am 15. Oktober 1999 das Licht der Welt, der siebenmilliardste im Oktober 2011, und dennoch lebt nur etwa ein Drittel der vorausgesagten Bevölkerung in unserer Gegenwart. Auch mit dem weiteren Wachstum hat es die menschliche Rasse offenbar nicht so eilig, wie Ehrlich annahm. Die Vereinten Nationen prognostizieren für die Mitte des 21. Jahrhunderts eine Erdbevölkerung von »nur« 8,9 Milliarden Menschen.

Noch eine Anmerkung zum Schluss dieses Kapitels: Die Prognosen über die künstliche Nahrung ahnten in keiner Weise, mit welchem Lebensmittel die Zukunft der synthetischen Ernährung tatsächlich beginnen sollte. Im Zentrum modernster wissenschaftlichen Bestrebungen im Silicon Valley steht seit 2014: das Ei. Die Firma Hampton Creek Foods in San Francisco will gegen die Geflügelindustrie antreten und das synthetische Ei auf den Markt bringen, frei von Cholesterin und ungesunden Fettsäuren und hergestellt ohne Tierquälerei, ohne beklagenswerte Kreaturen in winzigen Käfigen, ohne Vogelkot und Vogelgrippe und dazu auch noch energieeffizienter und kostengünstiger hergestellt als das Original aus dem Hühnerhinterteil. Ein derart ambitioniertes Projekt konnte niemand voraussehen.

Shopping am Pol – neues Wohnen

Ob nun Ecumenopolis oder andere geniale Konzepte: Das Machbare bildete in den Nachkriegsjahren scheinbar die Grenze der Möglichkeiten. Neue Materialien wie Verbundwerkstoffe und vor allem Beton ließen die Bauten auf den Reißbrettern in den Himmel wachsen. Das Haus und die Stadt der Zukunft sahen ganz anders aus als alles bisher Dagewesene. Was in diesen Planungen an Reflexion und Praxiserfahrung fehlte, wurde durch Enthusiasmus ersetzt. Metropolen unter der Erde, auf künstlichen Inseln oder unter dem Wasserspiegel der Weltmeere wurden prognostiziert. Vor allem dominierte die Idee einer »Wohnmaschine« in der einen oder anderen Form die Architektur der 1960er- und beginnenden 1970er-Jahre.

So plante der Schweizer Städtebauer Walter Jonas, der sich selbst vor allem als Maler begriff, in seinem 1958 in São Paulo entstandenen Projekt »Intrapolis« riesige Städte aus sich nach unten verjüngenden »Intrahäusern«, trichterförmige Bauwerke mit 40 Stockwerken für bis zu 100 000 Einwohner. Alles sollten die Bewohner in einem Gebäude finden, vom Einkaufszentrum bis zum Park für den Ausflug ins Grüne.

Walter Jonas: »Das Intra-Haus. Vision einer Stadt«,
Origo-Verlag, Zürich, 1962

Die amerikanischen Architekten Vernal M. Tyler und Carl Asiala planten platzsparende und umweltfreundliche Städte aus ringförmig angeordneten, über Röhren miteinander verbundenen Türmen für bis zu 250 000 Menschen mit autonomer Energieversorgung und vollgestopft mit allen erdenklichen Annehmlichkeiten des technischen Fortschritts.

Vernal M. Tyler, Carl F. Asiala jr.: »The Aero Space Role in
Planning Cities of the Future«, McDonnell Company, 1966

Die in Grafiken oder Modellen erhaltenen Stadtplanungen jener Tage enthüllen allerdings einige entlarvende Details, Freud'sche Fehlleistungen der Planer sozusagen. Weshalb wölben sich über den Parks mancher Städte der Zukunft Plexiglaskuppeln, wovor sollen sie schützen? Waren etwa Ozonloch und Luftverschmutzung bereits im Visier der Bauplaner? Im Folgenden geht es erst einmal nur um die Abwehr arktischer Verhältnisse:

> *»Die Temperaturen sinken hier gewaltig tief. Es rasen Schneestürme mit ungeheuren Geschwindigkeiten dahin. Diesen Naturgewalten aber begegnen die Architekten. Sie bauen das Polarhochhaus. Es ist kreisrund und reduziert so den Wärmeverlust durch die Wände. (...) Alle Straßen*

der Stadt sind von durchsichtigen Tunnelwänden umgeben und durch eine Fernheizung ständig mit Warmluft ›berieselt‹. Mitten im Winter können die Bewohnerinnen der Polarstadt also auf überdachten, warmen Straßen im Sommerkleid einen Stadtbummel machen.«

Birkel-Sammelalbum »Die Welt von morgen«,
neue überarbeitete Auflage, 1962

Ähnliche Ideen verfolgte in seinen jungen Jahren auch der deutsche Architekt Frei Otto (1925–2015), der spätere Schöpfer der Zeltkonstruktion über dem Münchener Olympiastadion. Allerdings sollte in seinen Planungen gleich eine ganze riesige Kuppel aus Kunststoff Teilgebiete der Arktis überdecken und so einen Lebensraum für 45 000 Menschen schaffen. Wen wundert es, dass auch dieser Traum atomgetrieben war: Ein Reaktor sollte die nötige Wärme liefern.

»In spätestens zwölf Jahren werden die ersten großen Projekte dieser Art realisiert.«

Prognose des Architektentrios Frei Otto, Kenzó Tange
und Ove Arup im März 1971, laut *ZEIT online*

Wer Kälte und Eis zu trotzen vermag, ist auch in der Lage, Gebiete mit Urwald und tropischer Hitze zu erschließen. Die Menschheit wird erst ruhen, so glaubte man, wenn auch der hinterste Winkel der Erde »zivilisiert« sein würde...

»Das riesige Amazonasbecken ist erschlossen. Die Urwaldhölle von einst hat nunmehr ihre Schrecken verloren. 800 Millionen Hektar Waldfläche sind von Hubschraubern, riesigen Straßenmaschinen, Spezialwasserfahrzeugen und von einem Heer von Ingenieuren, Technikern und Forstleuten erobert worden. In friedlichem Wettbewerb

liegt jetzt ein bisher unerforschtes Gebiet offen, das Millionen Menschen Arbeit, Brot und neuen Lebensraum schenkt. Das größte unberührte Waldgebiet der Erde ist allein auf einer Fläche von 130 Hektar mit 117 verschiedenen Baumarten bestanden. Bestes und schönstes Nutzholz wächst hier, unter anderem Mahagoni.«

Birkel-Sammelalbum »Die Welt von morgen«,
neue überarbeitete Auflage, 1962

Nutzholz überall. Die Sache mit der grünen Lunge der Erde ist sowieso nur so eine ökologische Spinnerei. Und sollten diese zurückgebliebenen indigenen Völker nicht ohnehin irgendwann einmal aus dem Urwald herauskommen?

»Die Amazonas-Indianer, früher mit Giftpfeilen ausgerüstet und außerordentlich menschenscheu, leben nun in den modernsten Siedlungen als sehr geschickte und auch fleißige Holzfäller.«

Birkel-Sammelalbum »Die Welt von morgen«,
neue überarbeitete Auflage, 1962

Wie schön, dass die von den fortschrittlichen Menschen der Zukunft vertriebenen Einheimischen auch gleich noch bei der Vernichtung ihres Lebensraums mithelfen ...

Ganz andere Möglichkeiten des Wohnens sah schon Ende der 1920er-Jahre der Visionär R. Buckminster Fuller (1895–1983). Er wollte die Menschheit mit Häusern vom Fließband beglücken. Doch seine Lösungen für die Zukunft, zum Beispiel das Dymaxion Houses (1934 auf der Weltausstellung in Chicago gezeigt) oder die Dymaxion Dwelling Machine fanden wenig Zuspruch, wohl aber seine geodätischen Kuppeln, elegante, aus Dreiecken zusammengesetzte Kugeln, die trotz ihrer leichten Bauweise statisch sehr widerstandsfähig waren. In den Vereinigten Staaten stellten sie Ende der 1960er-Jahre eine Art Initialzündung für zahllose Hippie-Kuppelbauten außerhalb der Städte dar. Fuller selbst lebte eine Zeit lang in einem seiner Kugelhäuser, doch soll dessen Möblierung alles andere als futuristisch gewesen sein.

Eine merkwürdige Art, Häuser zu errichten, prognostizierte Fuller mit seinen 4D-Towers – sie sollten per Luftschiff an den gewünschten Ort transportiert und dort in einem Krater aufgestellt werden, den zuvor eine vom Zeppelin aus abgeworfene Bombe gesprengt hatte – eine ausgesprochen explosive Bautätigkeit. Ein weiteres Zukunftsprojekt des sehr produktiven amerikanischen Architekten aus den 1960er-Jahren: Cloud Nine, nach dem Prinzip des Heißluftballons schwebende menschliche Ansiedlungen in riesigen geodätischen Kugeln.

Wer Häuser von der Stange und größere fliegende Ansiedlungen vermeiden wollte, würde dank Atomkraft ebenfalls auf gute Möglichkeiten treffen, so vermutete man in den 1960ern:

> *»Wer noch einsamer leben möchte, vielleicht draußen am Rande brasilianischer Urwälder oder auf einer der vielen Kokosinseln der Südsee, der benutzt Atomkraft-Speicherbatterien. Es sind dies Atomenergie-Kleingeneratoren, ungefährlich für den Menschen, weil sie statt der Neutronen und harten Strahlen nur die verhältnismäßig harmlosen Alpha-Teilchen aussenden.«*
>
> Birkel-Sammelalbum »Die Welt von morgen«, neue überarbeitete Auflage, 1962

Es gibt nur Alpha-Teilchen auf der persönlichen Südseeinsel, das wird manche Bedenken beruhigen. Aber was tun, wenn die Inseln knapp werden? Kein Problem, der Fortschritt weiß auch hier überzeugende Auswege:

> *»Zwar wird es nie genügend echte Südseeparadiese für alle geben. Aber, so versprechen die Forscher, Kunst-Paradiese werden Ersatz schaffen. Hallen mit Kunststrand und bräunenden Solarium – wie das Alpamare in Bad Tölz – sind nur ein Anfang. Im konkreten Plänen entstehen bereits Südsee-Imitationen für Tausende.«*

Ulrich Schippke: »Die Zukunft – Das Bild der Welt von morgen«, Gütersloh, 1974, Bildunterzeile auf S. 29

Antarktis, Regenwald, alles wegkultiviert. Wo ist sie denn nun, die fröhliche Wildnis? Nur unter Wasser gibt es noch ungestörte Natur, doch das bekommen wir auch noch in den Griff:

> *»Man wählt für diese neuartigen Siedlungen geschützte Meeresbuchten. Von schwimmenden Docks aus werden große Betonzylinder dreißig bis fünfzig Meter tief versenkt. Diese Zylinder enthalten die einzelnen Wohnungen. Drucksichere Rundfenster erlauben den Wohnungsinhabern einen Blick in die ständig wechselnde und so vielfältige Unterwasserwelt, die sie bislang noch nicht kannten. Jeder Wohnzylinder trägt eine Kuppel, in der technische Anlagen, Läden, Büros und Schulen untergebracht sind.«*

Birkel-Sammelalbum »Die Welt von morgen«, neue überarbeitete Auflage, 1962

In dieser Hinsicht waren sich alle sicher: Das wird cool, das Wohnen unter Wasser. Denn die Autoren des zukunftsfrohen Sammelalbums für den Nudelfabrikanten Birkel waren ganz und gar nicht allein mit dieser Vorstellung von der Wunderwelt unter der Meeresoberfläche:

> *»Das Meer als großer Spielplatz des Menschen – auf der Weltausstellung in New York gab es dazu schon recht konkrete Vorstellungen. Die U-Wohnungen haben Fahrstuhlverbindung zur Oberfläche. U-Taxis geben dem Leben am Grund etwa eines Korallenriffs zusätzlichen Reiz. Der US-Ozeanograph Harris Stewart propagiert ein Hotel als besondere Urlaubsattraktion.«*
>
> Ulrich Schippke: »Die Zukunft – Das Bild der Welt von morgen«, Gütersloh, 1974, Bildunterzeile auf S. 133

Ähnlich sieht das eine andere Quelle:

> *»Die Eroberung des Meeres als Lebensraum des Menschen soll schon in absehbarer Zukunft verwirklicht werden. Unterwasserhotels und ›Aquaskooter‹ gehören (…) zum Programm.«*
>
> Hobby Bücherei Bd. 15: »Report 1998 – so leben wir in 30 Jahren«, Ehapa-Verlag 1968, Bildunterschrift auf S. 143

Die zugehörige Abbildung zeigt ein Objekt, das entfernt an ein Gebilde im Gemälde »Der Garten der Lüste«, rechter Flügel des Triptychons »Die musikalische Hölle« von Hieronymus Bosch erinnert. Dabei handelt es sich um das Unterwasserhotel. Hat der Meister das schon geahnt?

Ein großartiger Einfall, die Sache mit dem Unterwasserhotel, der von der Tourismusindustrie mit Begeisterung aufgegriffen wurde. Zwar gibt es noch kein Hotel, das sich komplett unter Wasser befindet, aber wer möchte, kann in einem Zimmer unter dem Wasserspiegel wohnen und nächtigen. Angebote dazu finden sich in Dubai, auf den Malediven, in

Sansibar und Schweden, auf den Fidschi-Inseln, in der Karibik und an zahlreichen anderen Orten.

In den bisher zitierten Prognosen lebt der Mensch der Zukunft nur im flachen Wasser. Aber auch die blauschwarzen Abgründe der Ozeane, die unerforschte Tiefsee, muss zukünftig erobert werden:

> *»Wo stahlgepanzerte U-Boote von heute zerbrechen, wird es einen neuen Fisch-Menschen geben, dem Wasserdruck nichts mehr anhaben kann – 3500 m unter dem Meeresspiegel und vielleicht noch tiefer.«*
>
> Ulrich Schippke: »Die Zukunft – Das Bild der Welt von morgen«, Gütersloh, 1974, S. 131

Das Zuchtprogramm lief sicher schon irgendwo, als dieser große Seher diese Zeilen verfasste. Rotbarsch-Gene eingebaut in das Genom von Menschen, die Wasser statt Luft atmen, hybride Lebensformen vielleicht mit zehn Tintenfischarmen oder gar mit Leuchtorganen an langen Stielvorsätzen – schön sind sie nicht gerade, die Fischmenschen ...

Apropos neue Menschen – für die ist ja in besonderer Weise der Sozialismus zuständig. Was leistet die geballte Kraft der Arbeiterklasse an Errungenschaften für die Menschheit kommender Tage?

> *»Wie also wird unsere Stadt der Zukunft aussehen? Von der Technik her ist alles, was man sich nur vorstellen kann, möglich. Man kann neue Städte als gigantische Türme (...) oder in Form riesiger Bälle oder Pilze hoch über die Erde empor steigen lassen. Man kann sie an tragenden Stahlbetonrippen aufgelockert in die Luft hängen, viele Etagen über den alten Städten, die man gar nicht erst abzureißen*

braucht. Man kann sie im ewigen Eis errichten, als geschlossene Kuppel oder Halle mit eigenem Mikroklima.«

Darauf ist die kapitalistische Seite auch schon gekommen. Wo sind sie, die revolutionären Alternativen?

»Man kann sie auch unter der Erde anlegen oder wie umgestülpte Bienenkörbe ins Meer tauchen. Den Einwohnern wird es an nichts fehlen. Sie werden sogar mehr Sonnenschein genießen und frisches Grün sehen und bessere Luft atmen und mehr Ruhe haben als die Bewohner der kapitalistischen Metropolen, die unter Abgasen, Staub und Lärm immer mehr leiden.«

Karl Böhm: »Schauplatz Zukunft«,
Der Kinderbuchverlag Berlin, 1974, S. 127 f.

Mehr Sonnenschein unter Wasser? Die Visionen der roten Städteplaner übertrafen die kapitalistische Seite mit dem Versprechen einer heilen Umwelt. Hingegen versuchten es die Architekten des Kapitals schon Jahre zuvor ein weiteres Mal mit Schaumschlägerei:

»Das Haus der Zukunft besteht aus Schaum. Die als Halbschalen vorfabrizierten Teile haben eine Außenhaut aus Glasfaserkunststoff, eine Innenhaut aus Schichtpressstoff und dazwischen Moltoprenschaum.«

Josef Hauser: »Alles Schaum«, in: »Das neue Universum« Bd. 75,
Union Verlag, Stuttgart, 1958, Bildunterschrift S. 436

Schaum oder nicht – die wirklich wilden Utopisten sahen die Zukunft der Menschheit schon in den 1970er-Jahren ganz woanders, nämlich draußen in den unermesslichen Weiten des Weltalls:

»Wir sollten uns fragen, kritisch und mit Berufung auf die Zahlen, ob der beste Ort für eine wachsende und sich entwickelnde Industriegesellschaft die Erde, der Mond, Mars, ein anderer Planet ist oder ein Ort irgendwo ganz woanders. Überraschenderweise wird die unausweichliche Antwort sein – der beste Ort ist irgendwo ganz woanders.«

Gerard K. O'Neill: »The High Frontier: Human Colonies in Space«,
William Morrow & Company, New York, 1977

Dem Verfasser dieser Zeilen verdanken wir logischerweise die O'Neill-Kolonien, bis heute (leider?) nicht realisierte Weltraumkolonien, die Gerard Kitchen O'Neill konzipierte. Dabei entwickelte er durchaus unterschiedliche Ansätze: Die Menschen der Zukunft werden zwischen einer Hohlkugel, zylinderförmigen Gebilden und weiteren Varianten wählen können, so mutmaßte er.

Gerard K. O'Neill: »The High Frontier: Human Colonies in Space«,
William Morrow & Company, New York, 1977

O'Neill hatte Vorläufer: Schon Mitte der 1960er-Jahre prophezeite der US-Raumfahrtwissenschaftler Dandridge M. Cole 50 000-Tonnen-Raumschiffe mit Atomantrieb, wahre Ozeanriesen des Weltraums, von denen jedes 10 000 Menschen zu fernen Welteninseln befördern sollte, und das zu einem Flugpreis vergleichbar mit dem eines Transatlantik-Fluges.

Dandridge M. Cole: »Beyond tomorrow – The next 50 years in space«,
Amherst Press, First Edition, 1965

Das Motto des mutigen Fortschrittspropheten:

> *»Wir können die Zukunft nicht voraussagen, aber wir können sie erfinden.«*
>
> Dandridge M. Cole

Also auf zu den Sternen, Mann! Das meinten offenbar auch seine Nachfolger im Geiste:

> *»Ein sehr kühnes Projekt wurde 1975 von dem Wissenschaftler Gerard O'Neill auf den Tisch gelegt. Der Vorschlag, der inzwischen von der NASA in vorläufigen Durchführbarkeitsstudien näher untersucht und dann als sozioökonomisch verfrüht und technisch in näherer Zukunft nicht durchführbar zurückgestellt wurde, beinhaltet in sich abgeschlossene Raumsiedlungen in Form riesiger Hohlwalzen von Kilometerlänge, in denen je nach Größe des Habitats Tausende bis Millionen Menschen leben können. Ihre Umwelt mit paradiesischen Land- und Wasserflächen, Bergen, Parkanlagen, Gärten, Straßen und Gebäuden übertrifft die Lebensbedingungen auf der Erde, da zum Beispiel Verschmutzung, Schadstoffe, Ungeziefer, Unwetter und Überbevölkerung fehlen.«*
>
> Jesco von Puttkamer: »Der erste Tag der neuen Welt«, Droemer Knaur, München, 1988, S. 316

Gerard O'Neills geniale Großvision scheiterte nicht an der Machbarkeit, sondern an kleinlichen sozioökonomischen und technischen Zweifeln. Dabei wäre es doch so schön gewesen, da draußen im All. Das dachten sich Ende der 1960er-Jahre auch die visionären Planer der NASA, die allerdings Schritt für Schritt vorgehen wollten. Zuerst der Mond, dann der Mars und so weiter. Wernher von Braun träumte von Mondfarmen, allerdings zunächst nur zur Rohstoffgewinnung. Für 1975 zielte man auf eine bemannte Raumstation mit sechs Astronauten ab, die 1985 zu einem Mond-Fort mit 48 Personen Besatzung erweitert werden sollte. Die Aktivitäten auf dem Mond würden parallel zur Eroberung des Mars ablaufen. Auf dem roten Planeten gedachte man 1967 in amerikanischen Raumfahrtkreisen bereits im Jahr 1980 zu landen, ein sehr knapper Zeitplan für die Zukunft, der natürlich scheiterte.

Über diese engagierten Planungen gingen die Überlegungen des amerikanischen Weltraumforschers Carl Sagan sogar noch hinaus. Er wollte für eine bessere Zukunft der Menschheit sorgen – insbesondere für den Fall, dass die Erde einmal unbrauchbar würde, und schlug deshalb vor, unwirtliche Planeten durch »Terraforming« zu einem passenden Ersatz für die Erde zu machen, eine Idee, die auf den Science-Fiction-Roman »Collision Orbit« von Jack Williamson aus dem Jahre 1942 zurückgeht. So wollte Sagan die giftige Atmosphäre auf der Venus mit Mikroben optimieren und für Menschen atembar machen.

> *»Es ist möglich, dass die Injektion von entsprechend gezüchteten Algen in die Wolken der Venus die gegenwärtig extrem feindliche Umgebung der Venus mit der Zeit in eine für Menschen viel angenehmere verändern würde.«*
>
> Carl Sagan: »Pale Blue Dot: A Vision of the Human Future in Space«, 1994

Nicht gleich auf ferne Planeten oder überhaupt ins All, aber hoch hinaus wollten gewisse Kreise schon 1910. In einer Voraussage für das Jahr 2009 aus dem Munde des einschlägig bekannten Afrikaforschers Carl Peters feiert der Kolonialismus fröhliche Urstände:

»Die reicheren Familien, über ganz Afrika hin, wohnten Tag und Nacht 1000 bis 2000 Meter hoch in verankerten Lufthäusern.«

Bildunterschrift in Carl Peters: »Die Kolonien in 100 Jahren«, in: »Die Welt in 100 Jahren«, hrsg. von Arthur Brehmer, 1910, S. 107

Der Verfasser dieser Zeilen, Carl Peters, ein rassistischer Schwerverbrecher, trug in Afrika den Beinamen Mkono Wa Damu – »die blutige Hand« – und hieß in der kritischen Presse seiner Zeit Hänge-Peters. Kein Wunder, dass Menschen seines Schlages nachts nicht nur vor Afrikas wilder Tierwelt Angst hatten und ihre Häuser am liebsten unter Luftschiffe gehängt hätten.

Eindeutig links und ökologisch orientiert, sah Ernest Callenbach in »Ökotopia« sozusagen das Haus von der Rolle auf die Menschen der Zukunft zukommen:

»... aber die Ökotopianer stellen ganze Wohnräume am laufenden Meter her. Sie haben Maschinen erfunden, die Röhren von ovalem Querschnitt mit einer Breite von vier Metern und einer Höhe von drei Metern pressen; ihre Ränder haben eine Stärke von 15 Zentimetern; der Fußboden im Innern ist eben. Man kann solche Röhren als geschlossenen Hohlraum oder mit ausgestanzten Fenstern an den Seiten, mit gerade oder schräg geschnittenen Enden kaufen. Die so entstehenden Häuser können die verschiedensten Formen annehmen – ich habe tatsächlich keine zwei gesehen, die einander glichen ...«

Callenbach, Ernest: »Ökotopia – Notizen und Reportagen von William Weston aus dem Jahre 1999«, 1975, S. 164

Und wer bewohnt nun die Häuser in der einen oder anderen paradiesischen Zukunft? Gunther S. Stent, US-amerikanischer Wissenschaftsphilosoph, teilte die Menschheit der Zukunft in drei Gruppen:

> *»Auf dem einen Ende der Skala wird es eine Minderheit von Menschen geben, deren Arbeit die Technik in Gang hält, durch die der Mehrheit der hohe Lebensstandard beschert wird. In der Mitte der Skala werden wir einen Typ finden, meist ohne Beschäftigung, für den die Unterscheidung real und illusionär noch etwas bedeutet und dessen Prototyp der Beatnik ist. Er behält ein Interesse an der Welt und sucht Befriedigung in sinnlichen Freuden. Auf dem anderen Ende des Spektrums wird sich ein Typ finden – meist nicht zu beschäftigen –, für den die Grenzen zwischen real und eingebildet weitgehend verwischt sind. Sein Prototyp ist der Hippie. Sein Interesse an der Welt wird sehr gering sein, und er wird seine Befriedigung vielleicht vorwiegend in Drogen suchen.«*
>
> Gunther S. Stent: »The Coming of the Golden Age«,
> Natural History Press, 1969

Eine Zukunft in einem Paradies, das mit drei Menschentypen auskommt – ein einfacher und zugleich großartiger Entwurf, aber dennoch weit von den heutigen Realitäten entfernt.

Abgesagt – das Waldsterben

Wenn Sie nicht zu jung sind, erinnern Sie sich vielleicht noch an die kämpferischen Zeiten, als vor dem kollektiven medialen Auge ganze Wälder, gewaltige Baumriesen voller Vögel, Käfer und Eichhörnchen unter dem Ansturm namenloser Gifte dahinsiechten, schließlich niederbrachen und zu Totholz wurden, unwiederbringlich und gegen jede grüne Vernunft für eine gesunde Natur verloren. Zählten Sie sich damals zu den Propheten des Waldsterbens? Oder gehörten Sie schon damals eher zu den Skeptikern, die trotz Sauerregen und Sensationspresse den klaren Blick behielten? Das wäre angesichts geballter Expertenmacht, die dem Wald keine lange Lebensdauer mehr bescheinigte, bewundernswert gewesen. So sagte Bernhard Ulrich, Professor für forstliche Bodenkunde und Waldernährung in Göttingen, im Jahr 1981 ein frühes Verfallsdatum für den deutschen Wald voraus:

> *»Die ersten großen Wälder werden schon in den nächsten fünf Jahren sterben. Sie sind nicht mehr zu retten.«*
>
> Prof. Bernhard Ulrich (1926–2015)

Doch die Apokalypse des deutschen Waldes fiel aus – es trat der sehr seltene Fall ein, dass die Politik auf eine reale Notwendigkeit tatsächlich gesetzgeberisch reagierte. Im Juni 1983 trat die Großfeuerungsanlagenverordnung in Kraft, der Schwefeldioxidausstoß in Kraftwerken verringerte sich um 90 Prozent. Ab Mitte der 1980er-Jahre wurden die Waldböden mit Kalk entsäuert und Katalysatoren entgiften Autoabgase. Noch zu Anfang des Jahrzehnts hieß es aber:

> *»Im Jahr 2000 werden wir keine Straßenbäume mehr haben.«*
>
> Aloys Benatzky, renommierter deutscher Gartenarchitekt, 1981

Zuerst die Straßenbäume, und der deutsche Wald sollte ihnen quasi auf dem Fuße folgen, wie Journalisten jener Jahre vermuteten:

> *»Die Wälder siechen immer schneller dahin. Die Horrorvision, es könnten sich dort, wo heute noch Wälder stehen,*

Grasfluren (die Ökologen sprechen von ›Säuresteppen‹) ausbreiten, ist nicht mehr einfach fortzuwischen.«

Frankfurter Allgemeine Zeitung, 29. Dezember 1982

»Noch zwanzig Jahre deutscher Wald?«

Die Zeit, 7. Januar 1983

Zu knapp kalkuliert – bisher sind es schon mehr als 30 Jahre, und wie es aussieht, könnten leicht noch Jahrzehnte und Jahrhunderte mehr folgen. Die Rettungsaktionen haben offensichtlich gegriffen.

Kühlhaus oder Sauna? – Klima- und andere Katastrophen

Ist die Klimaerwärmung ein wissenschaftlich fundiertes Faktum oder reine Spekulation? Zählt die vorausgesagte ständig steigende Fieberkurve dieses Planeten zu den falschen oder den richtigen Prognosen? Die Vertreter unterschiedlicher Ansichten sind überall, im einfachen Volk wie an den Schaltstellen der Macht, und überall bekämpfen und beschimpfen sie sich. Ist es eine natürliche Temperaturschwankung wie schon x-mal in den letzten 100 000 Jahren oder ist »der Mensch« schuld, kohlendioxidierend, wie er sich über den Globus bewegt? Im Augenblick schlägt das Pendel zugunsten der Erwärmungsgläubigen aus, deren Katechismus wird zur allgemein gültigen wissenschaftlichen Meinung erklärt. Aber derart absolut sichere Erkenntnisse beeindruckten in der Vergangenheit schon häufiger. Sie erinnern sich – das Waldsterben? Das Problem ist: Letztlich wissen wir es noch nicht und werden es vielleicht nie erfahren, warum zum Beispiel in Grönland wieder Temperaturen herrschen könnten, die eine üppige Vegetation begünstigen. Apropos »Grönland« – es war wohl schon mal »grön« – ganz ohne Kohlendioxid – daher der Name.

Umweltprognosen wie die zum weiteren Verlauf des Weltklimas sind eine gewagte Sache. Auch wenn sich der jeweilige Wissenschaftler ganz sicher ist, kann es passieren, dass er sich mit seinen Voraussagen auf hohem wissenschaftlichen Niveau irrt, wie hier einige Beispiele zeigen werden. Beginnen wir aber mit journalistischen Großtaten, einer Zeitungsmeldung nach dem extrem trockenen Sommer von 1947:

> *»Europa geht der Versteppung entgegen!«*
>
> Zeitungsmeldung nach dem extrem trockenen Sommer 1947; angebliche Ursache: die Atombombe

Leute, die fehlerhafte Prognosen produzieren, schreiben besonders gern einen temporären Istzustand in alle Ewigkeit fort. Dieser Sommer ist schon extrem trocken – wie mögen dann die Sommer in den nächsten 100 Jahren aussehen? Fraglos noch trockener, oder? Leider hält sich die Realität nicht an derartige Denkschemata. Und so galt schon ein Jahr später: Was dem einem Redakteur seine Savanne, ist dem anderen sein Morast:

> *»Drohende Versumpfung Europas!«*
>
> Zeitungsmeldung nach dem extrem verregneten Sommer 1948; angebliche Ursache: die Atombombe

Wüste und bodenloser Schlamm, verursacht durch dieselbe rätselhafte Kraft – auch das hat Methode. Bei Voraussagen empfiehlt es sich immer, Ursachen anzugeben, deren Wirkungszusammenhänge niemand nachvollziehen kann. Es könnte ja tatsächlich die Atombombe gewesen sein – was denn auch sonst? Gleichgültig, dass eine solche Fernwirkung über den halben Globus hinweg kaum denkbar war. Schließlich fielen die beiden ersten Atombomben ja in Japan und die wenigen Tests der 1940er-Jahre fanden auf dem Bikini-Atoll, den Marschallinseln und in Semipalatinsk statt. Irgendwie war auch nicht die einzelne Atombombe, sondern das Ding an sich als zerstörerisches Prinzip gemeint.

Auch die folgende Redaktion tappt, obwohl sie sich mit dem Sonnenlicht befasst, ganz schön im Dunkeln. Und wieder kommt dasselbe Verfahren zur Anwendung: Ein paar Abgase in der Luft heute führen zwangsläufig zur Smogkatastrophe der Zukunft:

> *»In zehn Jahren werden Stadtbewohner Gasmasken tragen müssen, um die Luftverschmutzung zu überleben. Bis zum Jahr 1985 wird die Luftverschmutzung dafür gesorgt haben, das auf die Erde einfallende Sonnenlicht zu halbieren.«*
>
> *Life Magazine*, Januar 1970

Zurück zur Klimaerwärmung: Auch wenn heute kein ernsthafter Wissenschaftler mehr an der Klimaerwärmung zweifelt, weil er ja für unseriös gehalten wird, wenn er an der allgemein anerkannten »Wahrheit« rüttelt: In den 1970er-Jahren dachte die Welt der Experten eher in die andere Richtung – Eiszeit.

> *»Die Welt kühlt sich seit ziemlich genau 20 Jahren ab. Wenn sich die gegenwärtigen Trends fortsetzen, wird im Jahr 1990 die globale Durchschnittstemperatur um 4°C kälter sein, aber schon um 11 °C kälter im Jahr 2000.*

Dies ist etwa das Doppelte, was es brauchen würde, um uns in eine Eiszeit zu bringen.«

Kenneth Watt, Ökologe, Vortrag am Swarthmore College am 19. April 1970

Soweit wir wissen, ist diese vorausgesagte Eiszeit ausgefallen, obwohl Kenneth Watt nicht der einzige Experte war, der kühle Zeiten auf die Menschheit zukommen sah:

»Luftverschmutzung könnte die globale Temperatur um mehr als drei Grad sinken lassen ... ausreichend, um eine Eiszeit auszulösen.«

Stephen Schneider in der Zeitschrift *Science*, 1971

Schneider arbeitete als US-Plasmaphysiker und war zugleich einer der international einflussreichsten Klimawissenschaftler seiner Zeit, in der ein möglicher Klimawandel noch ein ganz neues Thema war. Auch seine Prognose bewahrheitete sich nicht – Eisbären am Piccadilly Circus und Gletscher in Berlin gehörten nicht zu den Alltagsereignissen der folgenden Jahrzehnte.

Vielleicht lag es am Zeitgeist, der Experten dazu veranlasste, aus ein paar Grad weniger gleich eine Eiszeit zu machen. Deshalb räumten sie vielleicht auch gleich radikal mit der menschlichen Rasse auf, wenn es um das große Ganze ging:

»Die Zivilisation wird innerhalb von 15 bis 20 Jahren enden, wenn angesichts der Probleme der Menschheit nicht augenblicklich gehandelt wird.«

George Wald, Harvard-Biologe, Earth Day 1970

Die zum Teil kurios übersteigerten Prognosen vom Earth

Day 1970 werden überdies besonders gern von Interessengruppen verwendet, die mit dem maßlosen Verbrauch fossiler Energien ungehindert weitermachen wollen und die überhaupt ökologisch ausgerichtetes Denken in Misskredit zu bringen versuchen. Viele Wahrsager vom Earth Day 1970 haben ihnen mit ihren methodisch unseriösen, teilweise naiven und unqualifizierten »Forschungsergebnissen« geradezu in die Hände gearbeitet.

Apropos unqualifiziert: Gegen Ende des Jahrhunderts tauchte noch ein anderer Eiszeitprophet in den Medien auf: Mojib Latif, seines Zeichens Klimaexperte. 1990 hatte er noch in einer ARD-Talkshow einen Temperaturanstieg von 3 bis 4 Grad Celsius bis zur Mitte des nächsten Jahrhunderts vorausgesagt, wählte dann aber 1997 eiskalt die andere Seite und prophezeite aufgrund seiner Erkenntnisse über die nordatlantische Oszillation 20 kalte Winter – arktische Temperaturen im Winter bis zum Jahr 2017. Daraus wurde nichts, die meisten Winter blieben völlig normal, und so wechselte der Experte peu à peu wieder von der kalten Seite der Meteorologie hinüber zur warmen. Als die Klimaerwärmung in den ersten Jahren des 21. Jahrhunderts nicht so richtig in Schwung kam, vermutete er, der Klimawandel habe eine Pause eingelegt, würde aber anschließend gut erholt zum neuen Rekorden ansetzen:

> *»Wenn wir jetzt so weitermachen wie bisher, wie sieht es dann bei uns aus in 50 Jahren?«* Diese Frage stellte ihm 2009 der ZDF-Moderator. Latif antwortete: *»Ja, nicht so besonders witzig. Ich höre oft: ›Och, ist schön, wenn es ein bisschen wärmer wird‹, aber das hat dann nichts mehr damit zu tun, länger im Straßencafé zu sitzen. Wissen Sie, im Extremfall reden wir über Temperaturen, vielleicht nicht im Norden, aber im Süden und Osten der Republik*

von bis zu 50 Grad Celsius ... (...) Da mag man sich gar nicht mehr draußen aufhalten ...«

Mojib Latif in einer Talkshow mit Reinhold Beckmann im ZDF 2009

Na, was denn nun? Es tauchen im Netz schon einmal die Bezeichnungen »Klima-Clown« oder »Klima-Akrobat« im Zusammenhang mit diesem Experten auf, der auch noch dazu neigt, keiner Kamera aus dem Weg zu gehen. Warm oder kalt – Hauptsache, Publizität. Man kann die Skeptiker verstehen, die von derartigen Klimmzügen irritiert, von der Klimaerwärmung nichts wissen wollen. In allzu großer Sicherheit sollten wir uns allerdings nicht wiegen. Einfach so weiterzumachen wie bisher ist vermutlich auch kein guter Plan. Ob drastische Abkühlung, ungesunde Erwärmung oder sonst ein Katastrophenszenario – die Menschheit arbeitet, glaubt man den Medien, immer auf die eine oder andere Weise an ihrem eigenen Untergang. Und ausführlich darüber berichten werden Presse, Funk und Fernsehen ohnehin. Es macht einfach Spaß, apokalyptische Visionen heraufzubeschwören ...

Was wird kommen?

Was bringen die Tage der Zukunft an neuen Segnungen, Wundern, Gefahren und Bedrohungen? Schon immer stellten sich Menschen derartige Fragen, und wer sie mithilfe oft abenteuerlichen Instrumentariums beantworten konnte, galt als Prophet und Seher. Manche der Antworten aus ferner Vergangenheit überraschen uns heute – sei es durch ihre Treffsicherheit oder durch den erstaunlichen Grad des Irrtums, den diese Prognosen erreichten:

In wundersamen fernen Tagen
Werden Frauen viel Verrücktes tun
Sie werden Hosen wie Männer tragen
Und ihre Lockenpracht abschneiden
Mit frechem Blick umhergehen
Wie Hexen, die auf Besen reiten.

Das Zeichen werden alle sehen
Seid sicher, dass es kommen wird
Wenn Liebe stirbt und Ehe endet
Werden Staaten schwach,
weil Kinder fehlen
Die Frauen werden
Katzen und Hunde liebkosen
Und Männer wie die Schweine leben

Nach Mother Shipton (1488–1561)

Oh, pardon, da ist wohl eine Vorhersage ins Manuskript geraten, die alles andere als falsch ist. Vielleicht hatte diese Prophetin nicht nur die entsprechende Hellsicht, sondern auch die nötige zeitliche Distanz für eine zutreffende Prognose. Wenn Sie übrigens ähnliche lichtvolle Zukunftsahnungen auf ihre Richtigkeit prüfen wollen, so gibt es Material zuhauf. Fühlten sich doch in allen Jahrhunderten Menschen dazu befleißigt, vor den dräuenden Gefahren künftiger Zeiten zu warnen, so zum Beispiel Alois Irlmaier und Alois Simon Maaß, Anna Katharina Emmerick, Anna Maria Taigi, Antonius von Aachen, Atuka-hé, Bernhard Clausi und Bernhard Rembold, Bischof Christianos Ageda, Brave Buffalo, Count Louis Hamon, Crazy Horse ...

Sie langweilen sich?

Überspringen wir einfach ein paar Buchstaben. Also, da wäre noch die Sybille von Prag, Nostradamus, Gottfried von Werdenberg, Johann Peter Knopp von Ehrenberg, Johannes von Jerusalem, Josef Stockert, Josephine du Bourg, der Kalender der Maya, Katharina aus dem Ötztal, Katharina Leistnerin, Madame Sylvia ... Schon gut, Sie müssen das Buch ja nicht gleich aus der Hand legen.

... Weiße Feder, Wessel Dietrich Eilert, genannt Bauer Jasper, Wladyslaw Biernacki und Zarathustra. Fertig. Befragen wir nun Leo Tolstoi, einen berühmten Schriftsteller des 19. Jahrhunderts, zu seinen Einschätzungen für die Zukunft:

> *»Der große Reformer erscheint. Er wird die Welt von den Relikten des Monotheismus reinigen und den Eckstein für den Tempel des Pantheismus legen. Ich sehe den friedvollen Beginn einer moralischen Ära. Der Mann, dem diese Aufgabe bestimmt ist, ist ein mongolischer Slawe. Er hat die Erde schon betreten. Und ich sehe, dass die Nationen weiser werden und erkennen, dass das verlockende Weib ihres Schicksals nichts weiter als eine Illusion ist. Es wird eine Zeit sein, in der die Welt keine Verwendung für Armeen, heuchlerische Religionen und degenerierte Künste mehr haben wird.«*
>
> Leo Tolstoi (1828–1910)

Richtig? Falsch? Das können wir noch nicht sagen, noch rüsten sich immer größerer Armeen, bekriegen sich die Religionen und die Künste – Geschmackssache. Einen umfassenderen Blick auf zukünftige Verhältnisse warf der bereits an anderer Stelle zitierte amerikanische Wissenschaftsautor Waldemar Kaempffert (1877–1956) in seinem Artikel in der Zeitschrift *Popular Mechanics*. Die folgende Auflistung seiner Prognosen ist kursiv kommentiert, denn hier mischen sich eingetretene Fälle mit ausgesprochenen Irrtümern – und die sind als solche gekennzeichnet:

- Computer mit Lochstreifen, Lochkarten und Elektronenröhren – *Flop!*
- Einmalplastikgeschirr (Spülmaschinen ausgestorben) – *Flop im privaten Haushalt!*
- Wohnungseinrichtung aus Plastik – *nicht flächendeckend, nur auf der Billigschiene*
- Wasserschlauch und Heißlufttrockner zur Raumreinigung – *Flop!*
- Nahrung aus Sägemehl – *Flop … (hofft man zumindest)*
- Papiertischdecken und Unterwäsche aus Kunstseide – *Treffer!*
- Bildtelefon – *Treffer!*
- Familienhelikopter – *Flop!*
- elektronische Wettervorhersagemaschine – *Treffer!*

Voraussagen für das Jahr 2000 von Waldemar Bernhard Kaempffert (1877–1956) in: »Miracles You'll See in the Next Fifty Years«, *Popular Mechanics*, Februar 1950

Damit erreicht Kaempffert keine schlechte Trefferquote für eine 50-Jahre-Voraussage. Die Futurologen Herman Kahn und Anthony Wiener erzielen in einer ähnlich umfassenden

Gesamtschau ein nahezu ebenso gutes oder – je nach Sichtweise – schlechtes Ergebnis für einen Zeitraum von 32 Jahren:

- atomare Sprengstoffe im Bergbau – *Flop!*
- Aufschub des Alterungsprozesses – *wir arbeiten dran*
- automatisierte Autobahnen – *man kann nie wissen*
- Brennstoffzellen, Magnetfeld-Antrieb als Energiequellen – *das könnte ja noch kommen*
- dauerhaft bewohnte Unterwasserstationen, Unterseekolonien – *Flop!*
- interplanetarische Reisen – *Flop – vorerst jedenfalls*
- künstliche Intelligenz – *wir arbeiten dran*
- persönliche Flugplattformen – *Flop!*
- praktisch nutzbare Kernfusion – *das sieht noch nicht gut aus*
- Roboter arbeiten für die Menschen – *sie arbeiten für Konzerne, nicht für Menschen*
- ständig bemannte Satelliten- und Mondstationen – *Treffer, auch wenn es nur eine gibt*
- Supraleitung bei Zimmertemperatur – *noch nicht in Sicht*
- synthetische Nahrung – *Flop!*
- Verjüngung – *Flop!*
- Winterschlaf für Menschen – *Flop!*

Voraussagen von Herman Kahn und Anthony Wiener in: »Ihr werdet es erleben. Voraussagen der Wissenschaft bis zum Jahre 2000«, Bertelsmann, Gütersloh, 1968

Zurück auf den Boden der Tatsachen: Geringe, man möchte fast sagen minimalistische Erwartungen an die Zukunft – sie gehen kaum über das Selbstverständliche hinaus – hatte der damalige Bundeskanzler Helmut Kohl, glaubt man seinen

Äußerungen in einer Wahlkampfrede von 1990 im niedersächsischen Gerblingerode:

> *»Wer heute 20 ist, wird nach menschlichem Ermessen das Jahr 2000 in zehn Jahren erleben.«*
>
> Helmut Kohl, Bundeskanzler, laut *Frankfurter Rundschau* vom 5. Mai 1990

Fantasielosigkeit? Auf jeden Fall nicht bei dem folgenden Statement eines ganz Großen des 20. Jahrhunderts:

> *»Ich denke niemals an die Zukunft. Sie kommt früh genug.«*
>
> Albert Einstein

Apokalypso – der Tanz um den Weltuntergang

Über Jahrhunderte waren Katastrophenszenarien und Endzeitfantasien ganz groß in Mode. Pest, Kriege, Erdbeben, Feuersbrünste, Überschwemmungen, Kometen – das war es, was das Publikum wollte. Von grauer Vorzeit über Nostradamus bis zum Ökopropheten von heute – Untergang kam und kommt gut an, wobei es heute so aussieht, als ob das eine oder andere Armageddon durchaus Wirklichkeit werden könnte. Aus der apokalyptischen Reihe tanzten nur wenige wie zum Beispiel Thomas Morus (1478–1535), der Vater und Namensgeber aller Utopien, mit seinem Roman »Utopia«, einer durchaus positiven Sozialutopie, während der französische Seher Nostradamus (1503–1566) und etliche seiner Nachfolger bis in unsere Tage weiterhin auf den Horror setzten und setzen. Dabei erreichten Weltuntergangsprognosen bisher eine 100-Prozent-Quote des Misserfolgs – sonst würden Sie dieses Buch nicht lesen. Dennoch werden Endzeitereignisse besonders gern prognostiziert. Zum einen rücken solche Vorahnungen den Propheten ins Zentrum des öffentlichen Interesses, zum anderen ist es relativ einfach, sich nachher mit einer fadenscheinigen Erklärung aus der Affäre zu ziehen, wenn es nicht geklappt hat mit dem termingerechten Untergang. Schließlich ist da noch der materielle Aspekt: Menschen, die mit ihrem kollektiven Ableben rechnen, verlieren schnell den Bezug zu Hab und Gut, verprassen, was sie haben (dabei kann man ja helfen ...) oder übereignen dem Unheilskünder im Zuge einer kathartischen Reinigung vor dem großen Abgang den kompletten Besitz, denn natürlich kennt er sich auch mit den Zuständen nach dem Ende aus: Selig sind die Armen im Geiste ...

Wie oft sollte die Welt eigentlich schon untergehen? Hier noch einmal eine Liste glücklicherweise gescheiterter Weltuntergänge:

> *»Alles Leben auf Erden wird vom Feuer verzehrt, wenn sich im Juli 2001 die Planeten treffen. Dem Feuer wird im Oktober eine große Flut folgen, wenn dieselben Planeten sich im Steinbock vereinigen.«*

So vermutete **Berossos**, chaldeischer Astronom im 2. Jahrhundert vor Chr. Das war wohl nichts.

Schon ungefähr 250 n. Chr. war sich der christliche Sektenführer **Montanus** ziemlich sicher, dass es bald so weit sei. Er predigte Tausenden Menschen, dass das himmlische Reich Jerusalem Wahrheit werden würde, woraufhin diese auch dorthin pilgerten. Nur um wenig später wieder nach Hause zu reisen.

Ungefähr 250 Jahre später, um 500 n. Chr., verkündete der heilige **Hippolytus** dann, dass die Erde, die seiner Meinung nach 5500 v. Chr. erschaffen worden war, insgesamt 6000 Jahre alt werden würde und dann wirklich zum angegebenen Zeitpunkt zum Teufel gehen würde.

Aus der nächsten Verkündung lernt man wohl, dass selbst hohe Persönlichkeiten fehlbar sind. **Papst Sylvester II** war sich nämlich ziemlich sicher, dass um Mitternacht am 31. Dezember 999 die Welt enden würde. Seine Behauptung löste sogar eine Massenhysterie samt Plünderung aus. Natürlich nur weil die Gebete des Papstes den Untergang verhindert hatten, geschah nichts, gar nichts ...

Auch dem geschriebenen Wort scheint man nicht mehr vertrauen zu können, denn das **Johannesevangelium** enthält eine unerfreuliche Nachricht für das 1000. Jahr nach Christus. Der Teufel persönlich würde sich von seinen Ketten befreien. Anscheinend waren sie aber doch zu stabil geschmiedet.

Selbst die Sterne sind unglaubwürdig, oder die, die sie gedeutet haben. Im Jahre 1169, als alle Planeten in einem einzigen Sternbild standen, behaupteten einige **Astronomen**, dass das wohl ein recht eindeutiges Zeichen für einen Weltuntergang wäre. War es aber nicht.

Trotz vieler unbestätigter Voraussagen glauben die Menschen aber immer noch weiter an den einen oder anderen Unheilsverkünder. Vielleicht wäre die Welt im Jahre 1186 aber auch wirklich untergegangen, so wie **Johannes von Toledo** verkündete, hätten die Gläubigen nicht gebetet und gefastet, um die angekündigten Erdbeben und Stürme aufzuhalten.

Caesarius von Heisterbach (1180–1240) hingegen drohte:

»Sonnenverfinsterung, Zusammenstoß von Sternen, Pest, Hunger, Tod von Menschen und Tieren. Viele und schreckliche Zeichen werden am Himmel erscheinen, die Sonne wird sich verdunkeln und sich blutig rot zeigen. Zwei Monde zugleich wird man vier Stunden lang sehen, umgeben von erstaunlichen Dingen. Mehrere Sterne werden zusammenstoßen zum Zeichen der Zerstörung fast aller Menschen.«

Auch die **Heilige Hildegard** sah im 12. Jahrhundert nichts Gutes heraufdämmern:

»Die Zeit ist gekommen, wenn die Menschen die Autorität des Papstes ablehnen. Einige Länder werden es vorziehen, eigene Kirchenführer zu haben. Bevor der Komet kommt, werden viele Nationen – die guten ausgenommen – von Mangel und Hunger gequält.«

Abt Werdin D'Orante verkündete im 12. Jahrhundert:

»Der große Monarch und der große Papst werden dem Antichristen vorangehen. Die Nationen werden vier Jahre Krieg führen, und ein großer Teil der Welt wird zerstört werden. Der Papst wird über das Meer gehen, das Zeichen der Tilgung auf seiner Stirn. Der große Monarch wird den Frieden zurückbringen, und der Papst wird sich ihm anschließen.«

Was mag der Abt wohl geraucht haben?

Der Mönch **Johannes Friede** (1204–1257) sah das ganz ähnlich und mahnte apokalyptische Zeiten an:

> *»Nach ein paar Jahren wird das Sonnenlicht wahrnehmbar schwächer werden. Wenn sogar das künstliche Licht seinen Dienst versagt, wird das große Ereignis im Himmel nahe sein (...) Doch zuerst wird ein Komet die Erde in kurzer Zeit passieren. Das ist nur ein Zwischenspiel, das als Warnung gesehen werden wird ...«*

Folgendes sagte **der blinde Jüngling von Prag** im 14. Jahrhundert voraus – und auch er lag falsch.

> *»Die Menschen werden einander nicht mehr mögen. Wenn einer sagt: Rück ein wenig, und der andere tut es nicht, ist es sein Tod. Deutschland wird ein Trümmerhaufen sein und nur das Gebiet der blauen Steine wird verschont bleiben. [Anmerkung des Autors: Damit sind vermutlich Nordböhmen und die Oberlausitz gemeint, Gebiete, in denen bläuliches Basaltgestein vorkommt.] Eine Sonne wird stürzen und die Erde beben. Die Rache kommt übers große Wasser.«*

Mother Shipton (1488–1561), die große Seherin aus Knaresborough/Großbritannien, meinte bezogen auf den Jahrtausendwechsel:

> *»Ein Feuerdrache kreuzt den Himmel, sechs Mal, bevor die Erde stirbt. Die Menschheit wird zittern und sich fürchten vor den sechs Boten dieser Vorhersage.«*

Jeder kann sich ja mal irren, oder?

Martin Luther irrte allerdings gleich dreimal. Im Jahre 1532 n. Chr. sah er das Ende kommen. Und dann gleich noch einmal 1538 – und auch 1541.

Nostradamus (1503–1566), spätgeborener Zeitgenosse Luthers, verschob die Apokalypse auf einen zukünftigen Termin:

»Im Jahre 1999 und sieben Monate
Wird der Große König des Terrors
vom Himmel kommen.
Er wird den König der Mongolen
zu neuem Leben erwecken.
Und Mars, der Gott des Krieges,
wird voller Glück regieren, davor und danach.«

Für diesen Zeitraum gibt es auch eine Vorhersage aus dem **Kloster Maria Laach**:

»Nach einem furchtbaren Sieg über Deutschland wird der nächste große Krieg folgen. Es wird kein Brot für das Volk und kein Futter für die Tiere geben. Giftige Wolken, von Menschenhand gemacht, werden niedersinken und alles töten. Das Hirn der Menschen wird vom Wahnsinn ergriffen.«

Die Zahl 1666 klang anscheinend für die meisten **Zahlenmystiker** sehr angsteinflößend. Schließlich addiert sie sich aus den Zahlen für Apokalypse (1000) und des Teufels (666). Trotzdem ging dieses Jahr vorbei, ohne dass Apokalypse oder Teufel den Leuten unnötig das Leben schwer machten. Auch Christoph Kolumbus misstraute der 1666.

Miss Joanna Southcott jedoch, eine Jungfrau und selbsternannte Wahrsagerin, war sich relativ sicher, schwanger mit dem Messias zu sein. Als sie 1814 plötzlich zehn Tage nach der Verkündung des Messias und damit des Weltenendes starb, erklärten ihre Anhänger einfach, der Messias sei in den Himmel gefahren und käme dann eben später, um alles zu beenden. Ein schöner Weltuntergang verlangt ja auch so einiges an Logistik.

Das, was laut **William Miller** das Ende von allem sein sollte, wurde letztendlich zur Gründung der Gemeinschaft der Adventisten. Denn Miller berechnete im Jahre 1818 das Ende der Welt aus Wörtern und Zahlen der Bibel. Als das Schreckensereignis aber nicht eintrat, behauptete er einfach, er habe den »Beginn der Reinigung durch Christus« gemeint.

Auch die Neuapostolische Kirche ging aus einer fehlerhaften Vorhersage hervor. **Reverend Edward Irving** ging vom Weltuntergang im Jahre 1864 aus. Aus den überlebenden Anhängern seiner Theorie formte sich dann die Glaubensgemeinschaft.

Schwarz sah etwa zu dieser Zeit auch **Maria vom Kreuze Jesu**:

> *»Während einer Finsternis, die drei Tage dauert, werden alle Menschen sterben, die sich dem Bösen hingegeben haben, so dass nur ein Viertel der Menschheit überleben wird.«*

Soweit man weiß, waren es auch 1900 noch vier Viertel.

Im Jahre 1874 n. Chr. begann eine seither sehr andächtig fortgeführte Tradition der **Zeugen Jehovas.** Denn in diesem Jahr sagte ihr Anführer das erste Mal den Untergang der Welt voraus, viele weitere Prophezeiungen sollten folgen –

auch 1914, 1925, 1975 und 2000 waren laut den jeweils zuständigen Oberhäuptern endzeitliche Jahrgänge.

Im Allgemeinen scheinen religiöse Gruppierungen ein Faible für apokalyptische Prophezeiungen zu haben. Auch der Gründer der Mormonen, **Joseph Smith**, setzte ein inkorrektes Datum für das Ende der Dinge fest. Am 14. Februar 1835 gab er der Menschheit noch 56 Jahre. Anscheinend haben wir uns aber doch als haltbarer erwiesen.

Der Halley'sche Komet hätte die Menschheit sicher für verrückt erklärt, hätte er gesehen, was für einen Aufruhr sein 27. Besuch der Erde auslöste. Im Mai 1910 begannen Menschen sich in Kirchen zu sammeln und um Vergebung zu beten, einige begingen sogar Selbstmord. Andere wiederum stürzten sich auch ins Vergnügen, schließlich dachten sie ja, es wäre das letzte Mal. Verschiedene »Weltuntergangsexperten« hatten den fliegenden Felsbrocken als sicheren Unheilsboten benannt. Der Komet flog unbeeindruckt vorbei.

Was mögen die Pyramiden mit der Apokalypse zu tun haben? Wir wissen es nicht, aber in **David Davidson**s Buch »The Great Pyramid, It's Divine Message«, also »Die große Pyramide und ihre göttliche Botschaft« sagte er den Weltuntergang für das Jahr 1953 voraus. Ausgefallen.

Bis hierher kann man die aufgezählten Prognosen vielleicht mit einer kollektiven Unwissenheit erklären und entschuldigen – aber seit Beginn exakter wissenschaftlicher Forschung hätte man eigentlich mit besseren Denkmodellen und Vorhersagen rechnen können. Tatsächlich scheinen die Wahrsagungen in neuerer Zeit nicht intelligenter geworden zu sein und in ihrer Zahl auch nicht abgenommen zu haben.

In den 1960er-Jahren zum Beispiel warteten sowohl die Sekte des **Bruder Emman**, als auch **Sybille von Prag** und **Charles Manson** auf apokalyptische Geschehnisse. Letzterer war dabei aber ausnahmsweise mal etwas origineller und berief sich in seiner Behauptung vom Weltende nicht auf die Bibel, sondern auf die Beatles. Ihre Songs enthielten angeblich kryptische Botschaften.

Apokalyptische Verhältnisse sagte auch **Paul Ehrlich** 1972 in einem Zukunftsszenario voraus:

> *»Das Ende des Meeres kam im Spätsommer 1979. Im September 1979 waren alle wichtigen Meerestierarten ausgerottet. Bewohner ganzer Küstenregionen mussten evakuiert werden, da die angeschwemmten Haufen toter Fische einen bestialischen Gestank verbreiteten.«*

Wer einen so vertrauenswürdigen Namen hat wie **Jim Jones**, der Messias der Volkstempler, dem glaubt man natürlich, wenn es heißt, es wird Zeit, sich umzubringen. Die 923 Mitglieder seiner Gruppierung, die sich 1978 im Dschungel Guyanas in Jonestown das Leben nahmen, erfuhren dann leider nicht mehr, dass sich auch ein Messias irren kann.

Am 30. Juni 1981 sollte den Anhängern von **Bill Maupin** ein ganz besonderes Erlebnis bevorstehen: eine Himmelfahrt. Als sie wider Erwarten dann aber alle ziemlich fest auf dem Erdboden stehen blieben, erklärte der Evangelist schnell, das Ganze hätte ja auch gar nicht funktionieren können, schließlich befinde man sich nicht auf jüdischem Staatsgebiet. Die da oben sehen es eben eng mit den politischen Grenzen.

Man soll nicht alles glauben, was im Fernsehen gesagt wird! Daran hätten sich diejenigen, die dem **Trinity Broadcasting Network**, einem amerikanischen christlichen Fernsehkanal, geglaubt hatten, mal halten sollen. Vielleicht hätten sie dann am 10/11 September 1988 nicht angsterfüllt auf den Weltuntergang gewartet, während der Sender Instruktionsvideos für plötzliche Himmelfahrten zeigte.

Die Internationale Hellsehervereinigung hat sich wenigstens ein bisschen ausführlicher Gedanken gemacht, wie genau unsere Welt denn untergehen würde. Im Jahre 1998 sollten demnach die Meere kleiner und die Wüsten größer werden und Hungersnöte und schreckliche Unwetter die Menschen niederraffen.

Jahrtausendwenden scheinen den Menschen auch wegen der damit verbundenen Vorhersage-Inflation schon immer ganz besonders viel Angst eingejagt zu haben. So waren sich die Adventisten, God's Salvation Church, die Ashtar-Command-Vereinigung, Alexander Tollmann, Nostradamus, Modemacher Paco Rabanne, Dotson Meade, Mike Richardson, Joseph Kibeteere, Jack Van Impe, Elizabeth Teissier, die Zeugen Jehovas, Sir Isaac Newton und sicher viele andere, darunter auch ein dreibeiniges Entenküken, ziemlich sicher, dass es mit der Menschheit um die Jahre 1999/2000 endgültig vorbei sein würde.

Keine guten Karten für die Menschheit sah **Professor Dr. Anthony Giddens**, britischer Soziologe, in den 1990er-Jahren:

> *»Die Verlängerung des Lebens bedeutet in Konsequenz, dass die menschliche Gattung, so wie wir sie kennen, wie sie sich in Millionen Jahren der Evolution entwickelt hat, im*

21. Jahrhundert verschwinden wird. Der qualitative Unterschied zwischen einem Menschen, der 100 oder 300 Jahre lebt, ist sehr groß und rechtfertigt solche Annahme.«

Das vorerst letzte apokalyptische Datum: 2012. Begründung: Der **Kalender der Maya** endet am 22. Dezember 2012. Laut der Seherin **Sakina Blue Star** hingegen fand in diesem Jahr bereits der vierte Weltuntergang statt und mit ihm eine große, allumfassende Reinigung. Dann kann der fünfte ja kommen.

Michael Drosnin, der Autor des Buches »Der Bibelcode«, war der festen Überzeugung aus den hebräischen Originaltexten der Bibel herausgelesen zu haben, dass ein großer Komet 2012 die Erde zerstört.

Teile der Liste der Weltuntergänge stammen aus E. Buberl/N. Golluch: »Game over – 30 Weltuntergangs-Szenarien«, arsEdition, 2013

Immerhin bringen manche Propheten des 20. Jahrhunderts einen gewissen Optimismus auf:

»Wenn die Menschheit sich nicht ändert, wird sie sich selbst zerstören. Ein apokalyptischer Krieg wird das Ende der Menschheit und all ihrer Städte sein. Ein neues Bewusstsein wird erscheinen, mit einer visionären Elite als Speerspitze. Sie werden die Kontrolle über die Kriegswaffen übernehmen und eine Weltnation gründen. Sie könnten die Welt befrieden und die Menschen in eine neue Zeit führen. Zur Mitte des 21. Jahrhundert wird die Welt friedlich sein, befreit von altem Haß und mit Wundern der Wissenschaft geschmückt.«

H. G. Wells, Schriftsteller

Literaturliste

A. K. Ruh: »Guirlanden um die Urnen der Zukunft – Eine interessante, originelle Familiengeschichte aus dem drei und zwanzigsten Jahrhunderte«,Verlag der Jos. Politischen Buchhandlung Leipzig, 1800

Arthur Brehmer (Hrsg.): »Die Welt in 100 Jahren«, Nachdruck der Ausgabe Berlin 1910, Georg Olms Verlag, Hildesheim 2010

Birkel-Sammelalbum »Die Welt von morgen«, neue überarbeitete Auflage, 1962

Carl Sagan: »Pale Blue Dot: A Vision of the Human Future in Space«, 1994

Dandridge M. Cole: »Beyond tomorrow – The next 50 years in space«, Amherst Press; First Edition edition, 1965

Das neue Universum Bd. 75, Union Verlag, Stuttgart, erschienen 1958

Das neue Universum Bd. 84, Union Verlag, Stuttgart, erschienen 1967

Das neue Universum Bd. 86, Union Verlag, Stuttgart, erschienen 1969

Das neue Universum« Bd. 94, Union Verlag, Stuttgart, erschienen 1977

Das schöne echte Wagner Album Nr. 3, 1929 aus der Serie »Zukunftsfantasien« der Holsteinischen Pflanzenbutterfabriken Wagner & Co. GmbH

Donella und Dennis Meadows in der Studie »Die Grenzen des Wachstums«, 1972

Dr. G. van Muyden im »Herderschen Jahrbuch der Naturwissenschaften, 1888/89«, herausgegeben von Dr. M. Wildermann

E. Behrendt: »So leben wir 1975«, *hobby* 11/1955, Ehapa-Verlag

Ernest Callenbach: »Ökotopia – Notizen und Reportagen von William Weston aus dem Jahre 1999«, 1975

E. Buberl/N.Golluch: »Game over – 30 Weltuntergangszenarien«, arsEdition, 2013

Gerard K. O'Neill: »The High Frontier: Human Colonies in Space«, William Morrow & Company, New York, 1977

Gunther S. Stent: »The Coming of the Golden Age«, Natural History Press, 1969

Hans Eichel, im SPD-Organ »Wir Hessen«, im November 1989

Herman Kahn, Anthony J. Wiener: »Ihr werdet es erleben – Voraussagen der Wissenschaft bis zum Jahr 2000«, Bertelsmann, 1967

Hobby Bücherei Bd. 15: »Report 1998 – so leben wir in 30 Jahren«, Ehapa-Verlag, 1968

Jesco von Puttkamer: »Der erste Tag der neuen Welt«, Droemer Knaur, München, 1988

John Naisbitt: »Megatrends – 10 Perspektiven, die unser Leben verändern werden«, 1984

Julius von Voß: »Ini. Ein Roman aus dem ein und zwanzigsten Jahrhundert«, Berlin, 1810

Waldemar Kaempffert: »Miracles You'll See In The Next Fifty Years«, Artikel in der New York Times, Februar 1950

Karl Böhm: Schauplatz Zukunft, Der Kinderbuchverlag Berlin 1974, S. 66

Kurt Streit: »Morgen fliegen wir im Auto«, in: »Das neue Universum« Bd. 71, Union Verlag, Stuttgart, 1954

Larry C. Johnson: »The Declining Terrorist Threat«, *New York Times*, 10. Juli 2001

Louis-Sébastien Mercier: »Das Jahr 2440 – Ein Traum aller Träume«, 1771

Paul R. Ehrlich: »The Population Bomb«, New York, Ballantine Books, 1968

Ray Kurzweil: »Homo sapiens. Leben im 21. Jahrhundert. Was bleibt vom Menschen?«, Köln 1999

R. M. Salter: »The Very High Speed System«, 1972

R. M. Salter: »Trans-Planetary Subway Systems – A Burgeoning Capability«, Februar 1978

Ulrich Schippke: »Die Zukunft – Das Bild der Welt von morgen«, Gütersloh, 1974

Ulrich Schippke: »Die 7 Weltwunder von morgen«, Bertelsmann, Gütersloh, 1971

Vernal M. Tyler, Carl F. Asiala jr.: »The Aero Space Role in Planning Cities of the Future«, McDonnell Company, 1966

Walter Jonas: »Das Intra-Haus. Vision einer Stadt«, Origo-Verlag, Zürich, 1962

Zeitschrift *Das neue Jahrhundert*, zitiert nach Georg Ruppelt: »Zukünfte von gestern«, 1900